前言

这是一本适合利用碎片化时间学习的职场技能类图书。

目前市面上很多职场技能类图书的内容大多偏向大全型，不太适合职场新人"碎片化"阅读。因为，对于急需提高职场技能的职场新人而言，他们并没有太多完整的时间去阅读、思考、记笔记。他们更需要的是一本能够随用随查、快速解决问题的字典型技能类图书。

为了满足职场新人的办公需求，我们精心策划并编写了本书，针对职场新人关心的痛点问题一一解答。我们希望读者无须投入过多的时间去思考、理解，翻开书就可以快速找到所需信息，及时解决工作中遇到的问题，真正实现"秒懂"。

此外，我们在介绍传统知识的基础上，在第 6 章对 Photoshop 中的 AI 功能进行了集中讲解。这些 AI 功能内置了多样的风格化滤镜和丰富的风格预设选项，能够有效简化图像编辑的复杂过程，轻松且迅速地为图像增添引人入胜的戏剧性效果。然而，鉴于 Photoshop 自身更新较为频繁，不同版本之间在部分功能名称和内置素材方面存在一定差异，建议用户依据自己所使用的版本灵活变通学习。

本书有着开本小、内容新、效果好的特点，紧紧围绕让工作变得轻松高效这一编写宗旨，根据职场新人的"刚需"来设计内容。它不仅提供了针对性的解决方案，还全面涵盖了 Photoshop 的核心功能与实用技巧，确保读者在解决问题的同时，能够深入理解背后的原理与方法，做到"知其然亦知其所以然"。

因此，本书在撰写时遵循以下两个原则。

（1）内容实用。为了保证内容的实用性，书中所列的技巧大多来源于真实的场景，汇集了职场新人最为关心的问题。同时，为了进一步提升本书的实用价值，我们还借鉴了抖音、快手平台上的一些热点技巧，并择要收录。

（2）查阅方便。为了方便读者查阅，我们将收录的技巧分类整理，使读者在看到标题的一瞬间就知道对应的知识点可以解决什么问题。

我们希望本书能够满足读者的"碎片化"学习需求，帮助读者及时解决工作中遇到的问题。

做一套图书就是打磨一套好的产品。希望"秋叶"系列图书能得到读者发自内心的喜爱及口碑推荐。

我们会在未来的创作中精益求精，与读者一起进步。

编著者

2025 年 3 月

和秋叶一起学

秒懂
图像处理

全彩印刷

PS+AI
实例精讲

秋叶　张书画　编著

人民邮电出版社

北　京

图书在版编目（CIP）数据

秒懂图像处理：PS+AI 实例精讲：全彩印刷 / 秋叶，
张书画编著. -- 北京：人民邮电出版社，2025.
ISBN 978-7-115-67759-4

Ⅰ. TP391.413

中国国家版本馆 CIP 数据核字第 2025M3K542 号

内 容 提 要

本书旨在引导 Photoshop 新手快速攻克生活与职场中遇到的各种图像处理难题，成长为 Photoshop 能手。

全书精心编排 6 个章节，内容涵盖基础操作、图像修正、抠图技巧、高效操作、故障处理和 AI（人工智能）编辑等方面。书中包含了生活与工作中常用的 Photoshop 图像处理技巧，每个技巧都配有清晰的使用场景说明、详细的图文操作说明、配套练习，以及动画演示，全面直观地展现 Photoshop 的强大图像处理能力。

本书紧贴初学者的认知曲线，内容由浅入深，语言表述通俗易懂，适合对 Photoshop 感兴趣的初学者阅读。

◆ 编　著　秋　叶　张书画
　　责任编辑　王旭丹
　　责任印制　王　郁　胡　南

◆ 人民邮电出版社出版发行　北京市丰台区成寿寺路 11 号
　　邮编　100164　电子邮件　315@ptpress.com.cn
　　网址　https://www.ptpress.com.cn
　　临西县阅读时光印刷有限公司印刷

◆ 开本：880×1230　1/32
　　印张：4.625　　　　　　　2025 年 9 月第 1 版
　　字数：126 千字　　　　　　2025 年 9 月河北第 1 次印刷

定价：49.80 元

读者服务热线：(010)81055410　印装质量热线：(010)81055316
反盗版热线：(010)81055315

目 录

秒懂图像处理：
PS+AI 实例精讲

▶ 第 **1** 章 ◀
基础操作：熟练掌握 PS 的基本功能

初学者使用 Photoshop（简称 PS）进行图像处理时，往往会感到毫无头绪、无所适从，不知道如何开始学习这个强大的图像处理工具。为了帮助读者快速上手，本章将带领读者熟悉软件中的常用基础操作，包括文件的新建、导出与保存，界面与视图的基本操作等内容，使初学者可以应用本章所学的知识完成简单的图像处理任务。

1.1 文件基础操作：掌握这 5点，初步了解 PS

对于初学者来说，熟练掌握文件的基础操作是图像处理的前提。本节详细讲解了关于文件新建、导出和保存的方法，帮助读者快速入门，开启图像处理之旅。

01 新建文件：如何新建一个网页尺寸的文档？

使用 Photoshop 开始设计，新建文件是第一步。如果想要设计一款网页，可以使用以下方法新建文档。

菜单类新建法

1 启动 Photoshop，选择"文件 > 新建"命令。

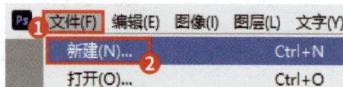

2 在弹出的"新建文档"对话框中，单击"Web"分类，选择需要的尺寸，单击"创建"按钮，即可新建文档。

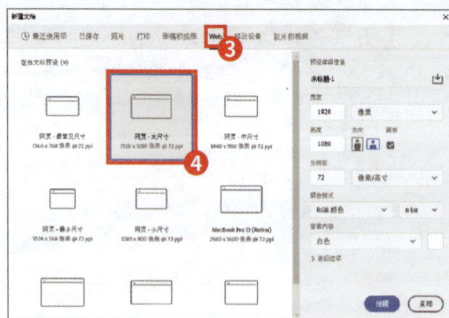

快捷键新建法

1 启动 Photoshop，按 Ctrl+N 组合键。

2 同样，在弹出的"新建文档"对话框中，单击"Web"分类，选择需要的尺寸，单击"创建"按钮，即可创建文档。

主页新建法

1 启动 Photoshop，单击 Photoshop 主页左侧"新建"按钮。

2 同样在弹出的"新建文档"对话框中，单击"Web"分类，选择需要的尺寸，单击"创建"按钮，即可创建文档。

02 打开文件：如何快速打开图片？

如果想要在 Photoshop 中对图片进行处理，首先需要打开图片。

文件打开法

1 启动 Photoshop，选择"文件 > 打开"命令。

2 在弹出的"打开"对话框中，搜索文件并确定其路径，确认文件类

型和名称，单击"打开"按钮，或直接双击文件，即可打开所指定的
图像文件。

快捷键打开法

1 启动 Photoshop，按 Ctrl+O 组合键。

2 同样，在弹出的"打开"对话框中，搜索文件并确定其路径，确认
文件类型和名称，单击"打开"按钮，或直接双击文件，即可打开所
指定的图像文件。

直接打开法

1 启动 Photoshop，单击 Photoshop 主页左侧的"打开"按钮。

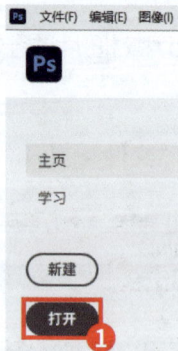

2 同样，在弹出的"打开"对话框中，搜索文件并确定其路径，确认文件类型和名称，单击"打开"按钮，或直接双击文件，即可打开所指定的图像文件。

03 保存文件：如何保存 Photoshop 工程文件？

文件制作完成后，为了方便以后对文件的再次修改，可以将文件保存为可编辑的格式，即 Photoshop 工程文件。

1 选择"文件 > 存储"命令。

2 在弹出的"存储为"对话框中，设置保存类型为"Photoshop"，单击"保存"按钮，即可保存 Photoshop 工程文件。

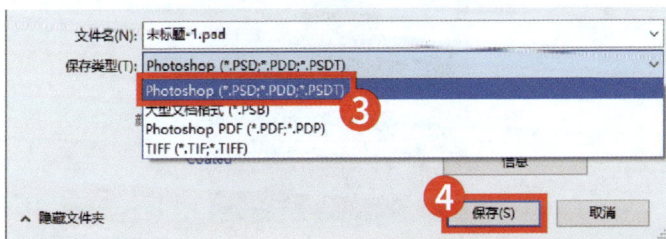

04 导出文件: 如何导出 JPEG 格式的图片?

　　对图片编辑完成后，可以将其以 JPEG 格式进行导出，便于浏览和保存。

1 选择"文件 > 导出 > 导出为"命令。

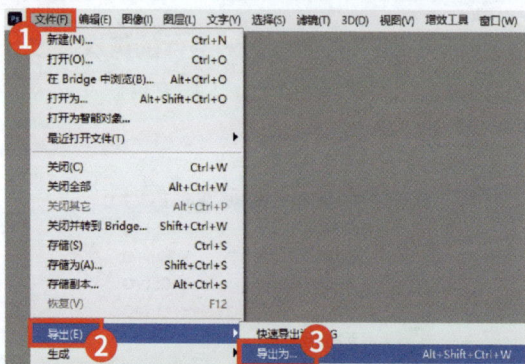

2 在弹出的"导出为"对话框中，将"格式"设置为"JPG"，在右侧的选项中将图像大小的宽度、高度等预设调整到合适的数值，单击"导出"按钮，即可保存 JPEG 格式的图片。

05 自动保存：如何防止发生意外情况后文件的丢失？

为了避免文件在制作的过程中遇到各种意外情况而丢失，可以设置 Photoshop 的自动保存。

1 启动 Photoshop，按 Ctrl+K 组合键。

2 在弹出的"首选项"对话框中，选择"文件处理"选项，切换到相应的界面，勾选"后台存储"及"自动存储恢复信息的间隔"复选框（可以根据需要设置自动保存的时间）。

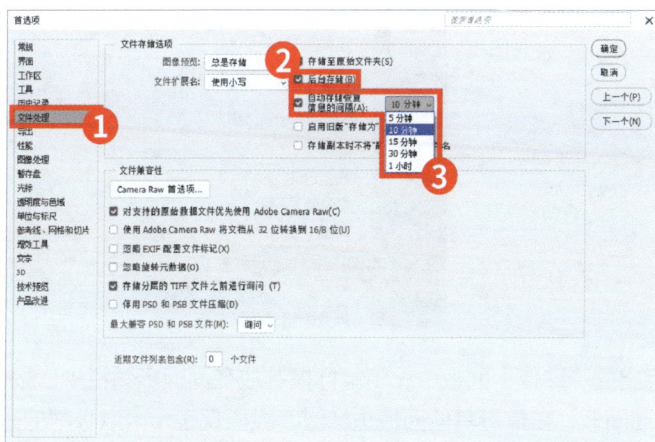

1.2 界面与视图的操作：打造属于自己的工作区

为了使操作更加高效便捷，可以将 Photoshop 的界面布局进行调整，打造一块适合自己的工作区。在操作过程中也可以随时调整视图大小，从而对图像进行更加精细地编辑。

01 调整布局：如何自定义界面中的面板？

Photoshop 中每个工具和面板的存在都有其独特的价值，但默认的界面布局未必适合用户的工作习惯。为了提高工作效率和个人舒适度，可以按照需求调整面板位置及设置，创建个性化的高效工作环境。

1 以调出"动作"面板为例，选择"窗口＞动作"命令。

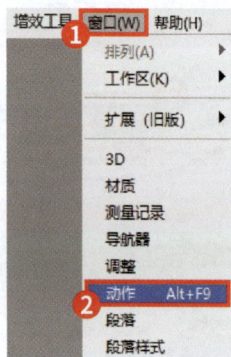

2 在弹出的"动作"面板中，将鼠标指针放在面板标题栏中，按住鼠标左键拖动面板，在靠近其他面板边缘时，会出现表示可以吸附的光条。

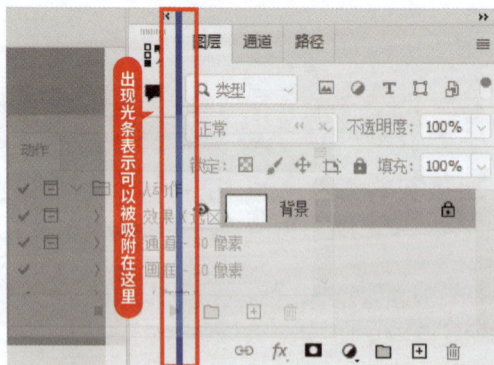

3 释放鼠标左键，被拖动的面板会自动吸附到已有面板的边缘。

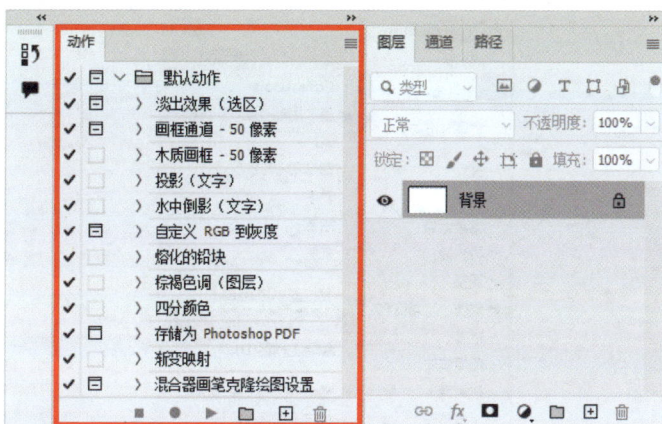

4 如果将面板拖到已有面板的名称后面，可以实现多个面板的合并。

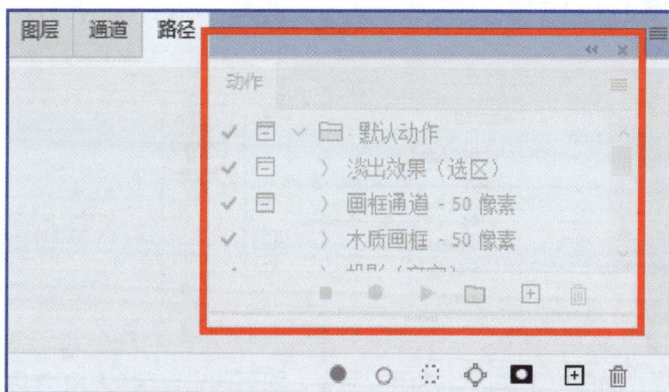

02 保存布局：如何保存调整好的界面布局？

调整好界面布局后，可以通过以下步骤保存此自定义设置，以便将来随时调用，无须重新设置。

1 选择"窗口 > 工作区 > 新建工作区"命令。

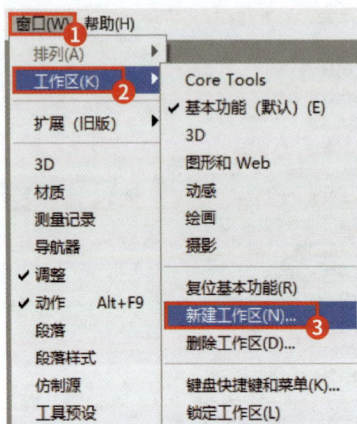

2 在弹出的"新建工作区"对话框中，可在"名称"文本框中输入自定义的名称（以"惯用"为例），单击"存储"按钮，保存调整好的界面布局。

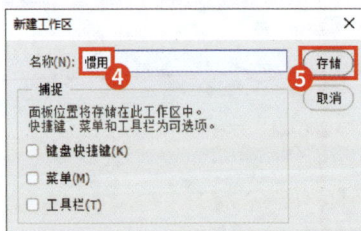

3 选择"窗口 > 工作区 > 惯用"命令，即可调出自定义的工作区。

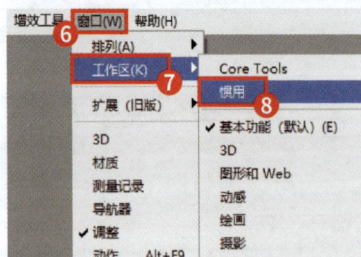

03 恢复布局：布局乱了，如何恢复成原始布局？

　　如果在操作过程中不小心打乱了 Photoshop 的界面布局，这样操作就可以让布局恢复成原来的样子。

选择"窗口 > 工作区 > 复位基本功能"命令，即可将界面恢复到初始状态。

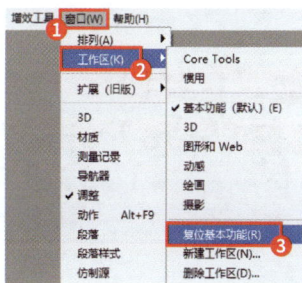

04 放大视图：细节看不清，如何放大并移动观察？

　　当需要对图像的局部进行精细刻画时，可以将视图进行放大和移动处理，以便操作。

放大视图可采用如下处理方式。

工具法

1 在 Photoshop 中打开一张图片，选择"缩放"工具 🔍 ，此时默认是放大视图功能，鼠标指针变为"放大工具"图标 🔍 ，每单击一次鼠标左键，视图将放大显示一级。

2 按住 Alt 键不放，指针变为"缩小工具"图标 🔍 ，每单击一次鼠标左键，视图将缩小显示一级。

快捷键法

按住 Alt 键的同时滚动鼠标滚轮，即可快速放大（向前滚动鼠标滚轮）或缩小（向后滚动鼠标滚轮）视图。

移动画布可采用如下处理方式。

工具法

在 Photoshop 中打开一张图片，选择"抓手"工具 ✋ ，指针变为"抓手工具"图标 ✋ ，按住鼠标左键在视图上移动指针，画布也会随之移动。

快捷键法

按空格键 + 鼠标左键，指针变为"抓手工具"图标🖐，即可快速移动视图。

05 界面颜色：如何修改工作区的颜色？

界面颜色的调整不仅可以减轻眼睛疲劳，还能显著提升个人的使用体验。

1 启动 Photoshop，按 Ctrl+K 组合键。

2 在弹出的"首选项"对话框中，选择"界面"选项，单击右侧"颜色方案"选项中的 4 个色块，可以根据需要快速切换工作区的配色方案。

06 文档排列：如何同时查看并编辑多个文档？

在打开多个文档时，可以使用文档排列设置同时查看并编辑这些文档的内容。这不仅提高了用户操作效率，还能轻松对比不同版本的文件。

平铺显示可采用如卜处理方式。

1 在 Photoshop 中打开多个文档后，选择"窗口 > 排列 > 平铺"命令。

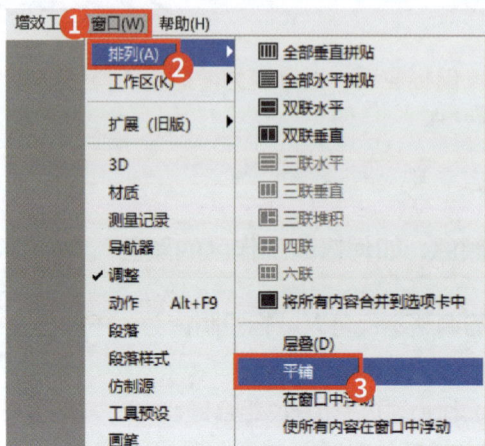

2 即可将图片平铺显示。

　　层叠显示可采用如下处理方式。

1 在 Photoshop 中打开多个文档后，选择"窗口 > 排列 > 层叠"命令。

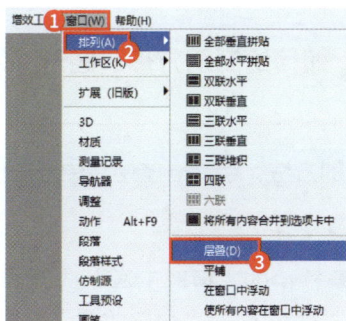

2 即可将图片层叠显示。

1.3 图形图像基础操作：针对图形图像的多种编辑方法

对 Photoshop 有了基础认知之后，让我们来学习一些简单有效的操作来体验这款软件的乐趣。

01 绘制图形：如何绘制正方形、圆形、线段、多边形和其他图形？

如何用简单快捷的方法，绘制一些生活中经常使用的图形。

绘制正方形或圆形

1 鼠标右键单击工具栏中的"矩形工具"选项 □，可展开隐藏的工具，选择"矩形工具"选项 □ 或"椭圆工具"选项 ○。

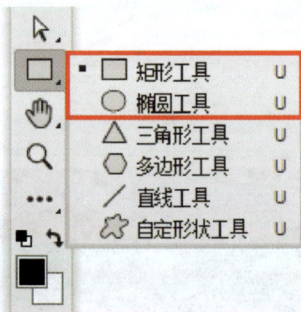

2 在属性栏中确认工具模式、填充和描边类型等选项。这里将"选择工具模式"选项设置为"形状"，"填充"颜色设置为黑色，"描边"颜色设置为无。如果想要绘制直角矩形，还要将"圆角半径"选项设置为 0 像素。

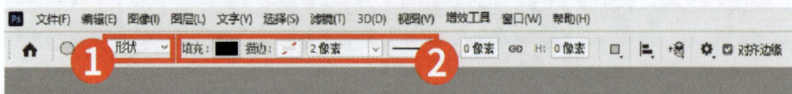

3 先按住鼠标左键并拖曳鼠标，再按住 Shift 键，使其变为正方形或圆形，松开鼠标后，图像窗口中就生成了一个正方形或圆形。

W：57 像素
H：57 像素

W：57 像素
H：57 像素

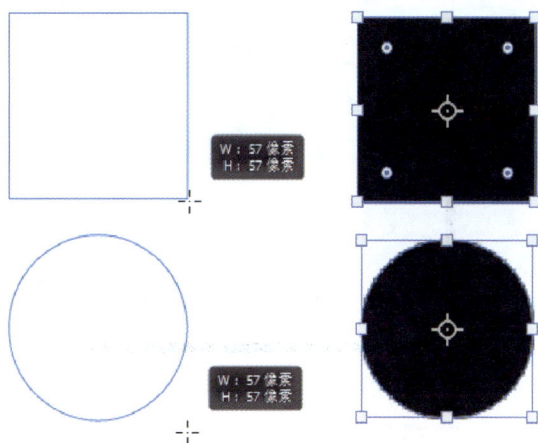

按住Shift键的同时，绘制正方形和圆形

绘制线段

1 选择工具栏中的"直线工具"选项 ／。

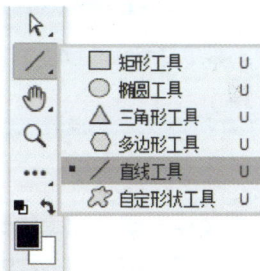

▷ 矩形工具　　　U
○ 椭圆工具　　　U
△ 三角形工具　　U
⬡ 多边形工具　　U
■ ／ 直线工具　　U
✕ 自定形状工具　U

2 在属性栏中确认填充颜色、线条粗细等选项。

文件(F) 编辑(E) 图像(I) 图层(L) 文字(Y) 选择(S) 滤镜(T) 3D(D) 视图(V) 增效工具 窗口(W) 帮助(H)

形状 填充：■ 描边：／ 0 像素 W：266 像素 H：0 像素 粗细：5 像素 对齐边

3 先按住鼠标左键并拖曳鼠标，再按住 Shift 键，使其变为水平线或竖直线。

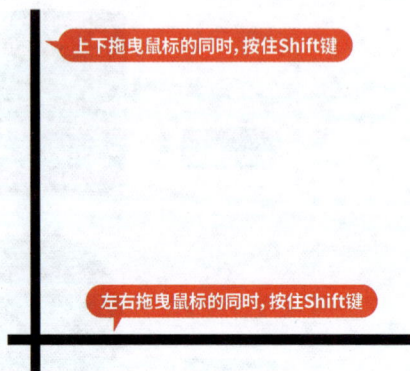

上下拖曳鼠标的同时,按住Shift键

左右拖曳鼠标的同时,按住Shift键

绘制多边形

1 选择工具栏中的"多边形工具"选项 ⬡ 。

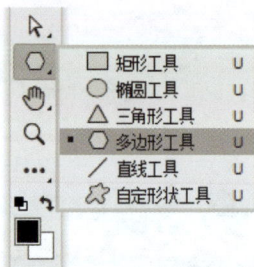

	矩形工具	U
⬭	椭圆工具	U
△	三角形工具	U
⬡	多边形工具	U
╱	直线工具	U
⬩	自定形状工具	U

2 在属性栏中将"填充"颜色设置为黑色,"边数"选项分别设置为"5""6""7""8"。先按住鼠标左键并拖曳鼠标,再按住 Shift 键,即可绘制正五边形、正六边形、正七边形、正八边形。

3 在属性栏中将"边数"选项设置为"5"，单击"设置"按钮 ⚙，还可在弹出的面板中设置星形比例，这里以 53% 为例。

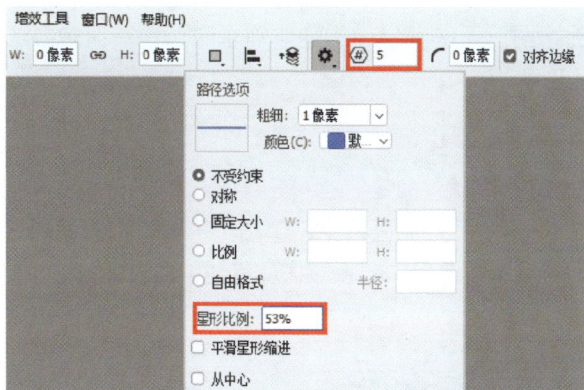

4 先按住鼠标左键并拖曳鼠标，再按住 Shift 键，即可绘制等比例星形。

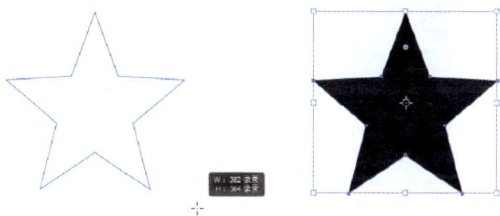

5 拖曳形状中的边角控件，还可改变圆角半径。

02 编辑图形：如何调整一个图形，或组合多个图形？

当基础绘图已无法满足你的创作需求时，也有很多办法可以绘制出你想要的形状。

使用自定形状工具绘制

1 选择"窗口 > 形状"命令。

2 在弹出的"形状"控制面板中，单击"形状"控制面板右上方的按钮，在弹出的菜单中选择"旧版形状及其他"命令。

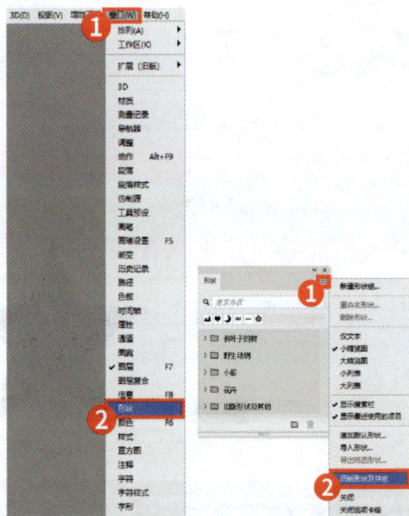

3 选择工具栏中的"自定形状工具"选项。

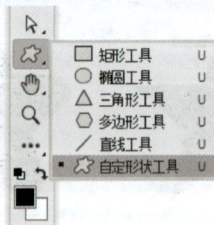

4 单击属性栏中的 "形状" 选项，可以发现添加了 "旧版形状及其他" 形状组，在其中选择需要的形状进行绘制。

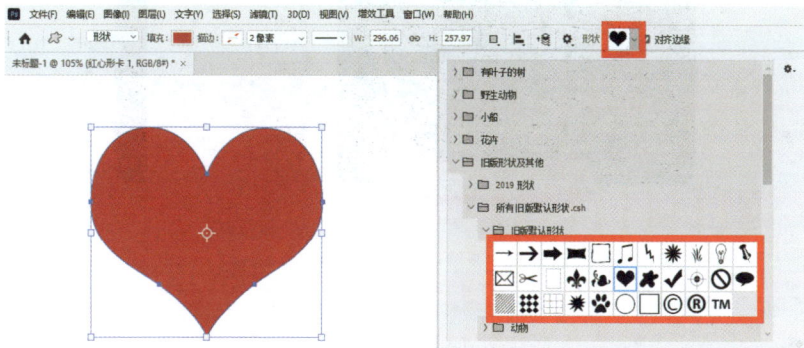

使用自由变换快捷键

这个方法可以绘制梯形、平行四边形等形状。

1 新建文件，选择工具栏中的 "矩形工具" 选项 □。

2 在属性栏中将 "填充" 颜色设置为黑色，在图像窗口中绘制一个矩形。

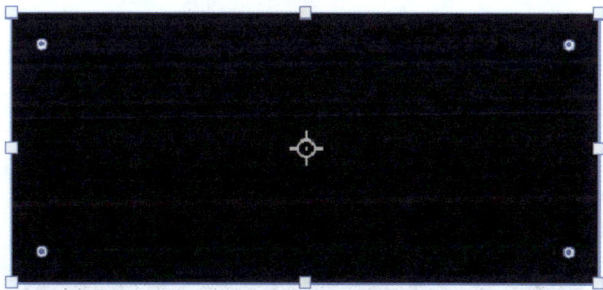

3 按 Ctrl+T 快捷键，矩形周围出现变换框。单击鼠标右键，在弹出的菜单中选择 "透视" 命令。

自由变换路径

缩放
旋转
斜切
扭曲
透视

变形
水平拆分变形
垂直拆分变形
交叉拆分变形
移去变形拆分

转换变形锚点

切换参考线

内容识别缩放
操控变形

旋转 180 度
顺时针旋转 90 度
逆时针旋转 90 度

水平翻转
垂直翻转

单击鼠标右键

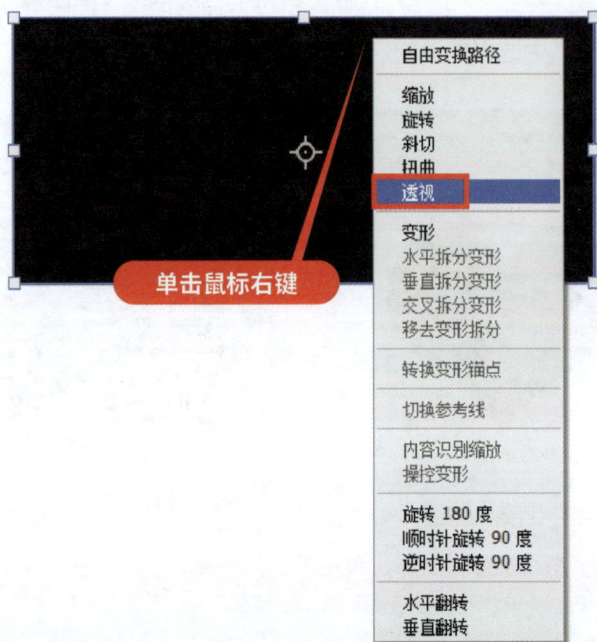

4 向左右拖曳 4 个顶点，即可将矩形变为梯形。

左右拖曳

∠：26.7°

上下拖曳

⬿ : 5.4°

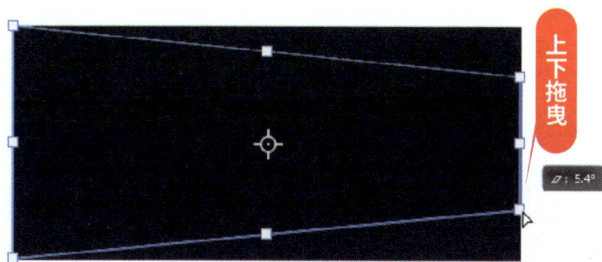

5 向左右拖曳 4 个中点，即可将矩形变为平行四边形。

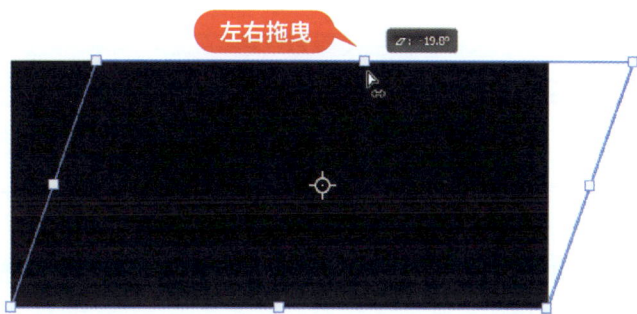

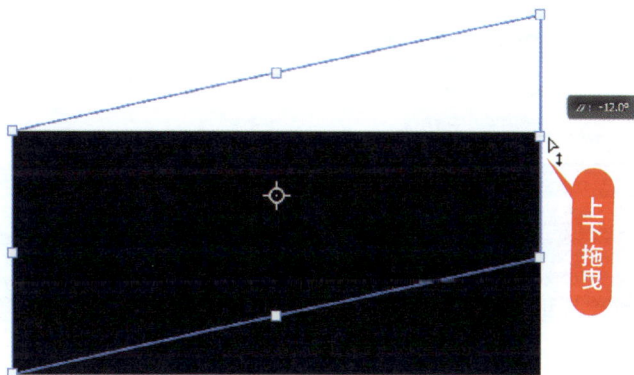

左右拖曳　⬿ : -19.8°

⬿ : -12.0°

上下拖曳

布尔运算（路径操作）

可以通过合并、剪除、相交等操作制作出复杂的形状。

1 在 Photoshop 中，新建文件。选择工具栏中的"矩形工具"选项 ▢，绘制祥云形状。

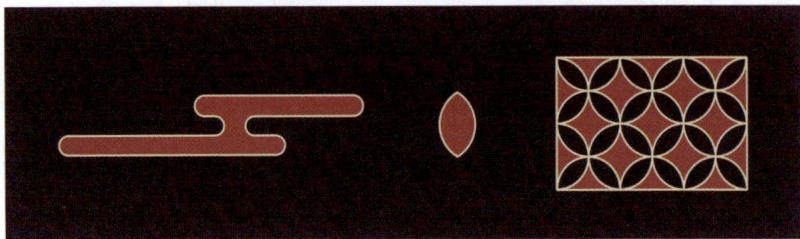

2 在属性栏中将"填充"颜色设置为红色，"描边"颜色设置为黄色，在图像窗口中绘制一个矩形，拖曳边角构件，改变形状的圆角半径。

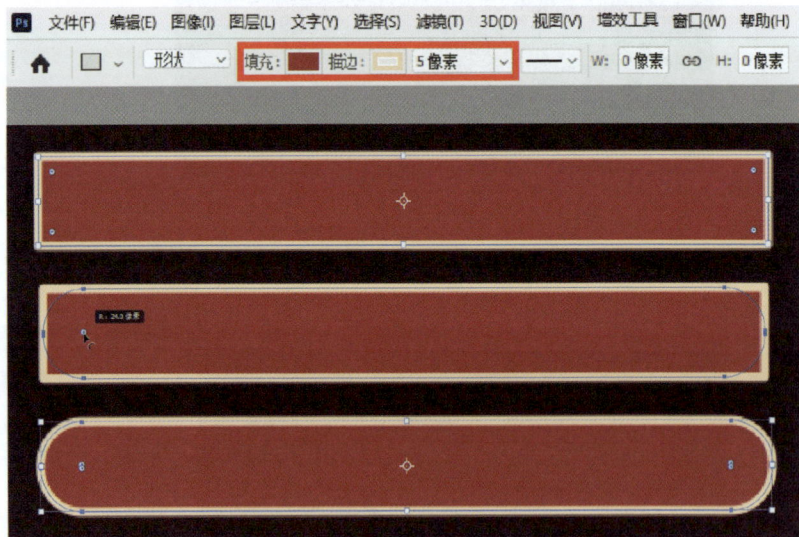

3 先按住 Shift 键，此时，属性栏中的"路径操作"按钮 ▣ 变为"合并形状"按钮 ▣，再按住鼠标左键并拖曳鼠标，绘制形状；松开 Shift

键，并按住空格键，可拖曳正在绘制的形状到适当的位置。松开鼠标
后，新绘制的形状与下方的形状合并到一个图层，同时只保留外轮
廓线。

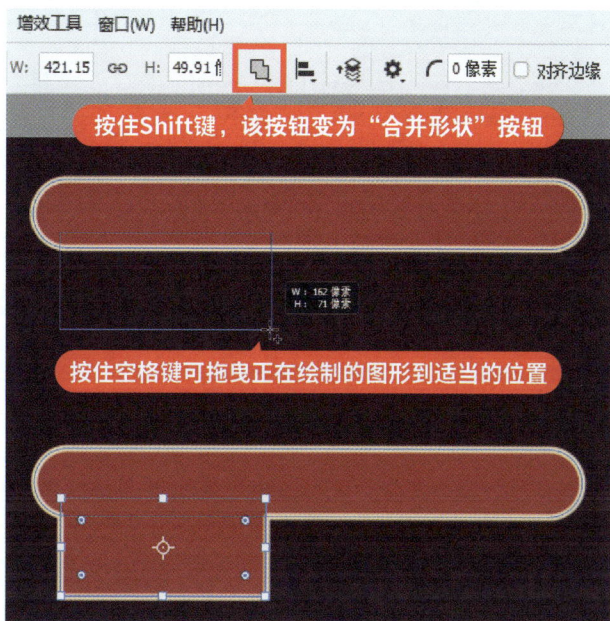

4 使用步骤 **3** 的方法再次绘制一个矩形，并拖曳边角构件，改变形状
的圆角半径。

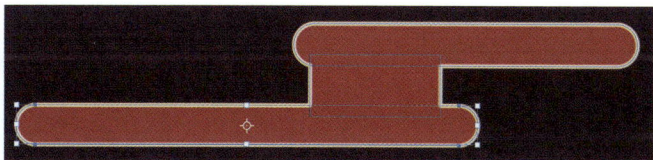

5 先按住 Alt 键，此时，属性栏中的"路径操作"按钮 ▢ 变为"减去
顶层形状"按钮 ▣，再按住鼠标左键并拖曳鼠标，绘制形状；松开 Alt
键可按住空格键，拖曳正在绘制的形状到适当的位置。松开鼠标后，
新绘制的形状与下方相交的形状将被剪去。

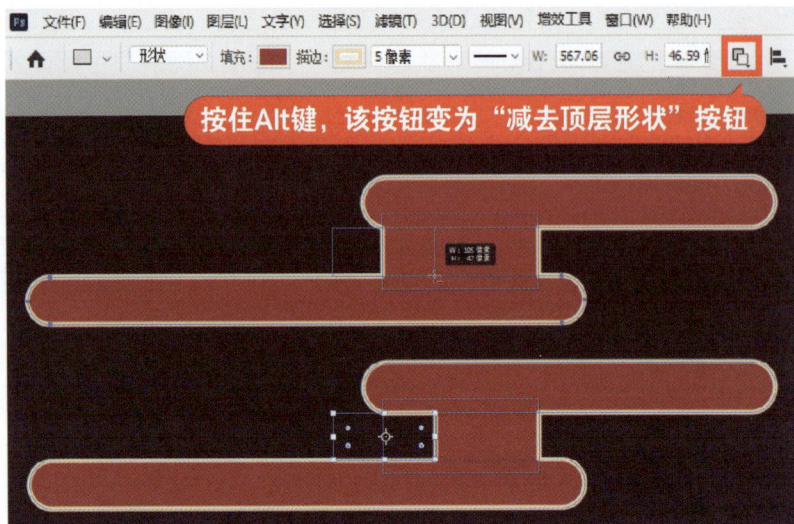

按住Alt键，该按钮变为"减去顶层形状"按钮

6 拖曳边角构件，改变形状的圆角半径。

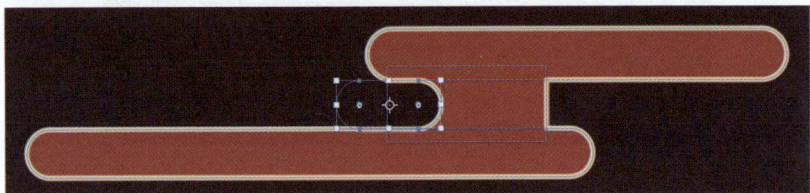

7 使用步骤**5**、**6** 的方法再次绘制一个矩形。

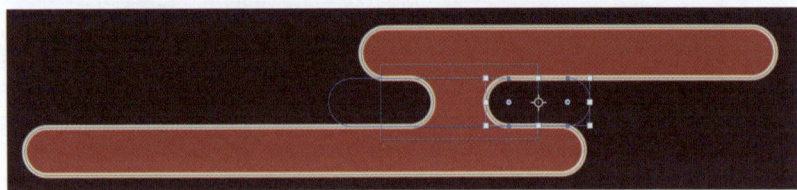

8 单击属性栏中的"路径操作"按钮 回，在弹出的面板中选择"合并形状组件"命令。

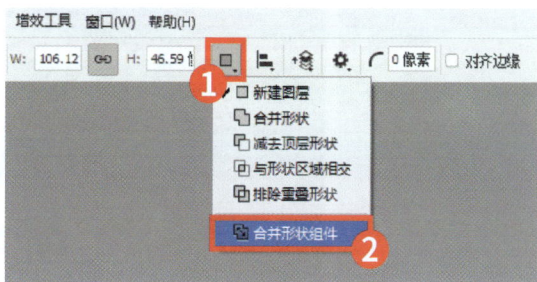

9 在弹出的提示框中，勾选"不再显示"选项，单击"是"按钮。此时，一个简易的祥云形状就制作完成啦。

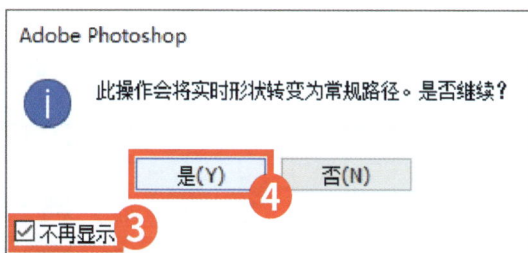

10 选择工具栏中的"椭圆工具"选项 ⊙ 。拖曳鼠标并按 Shift 键，绘制一个圆形。

11 先按住 Alt+Shift 键，此时，属性栏中的"路径操作"按钮 ⊡ 变为"与形状区域相交"按钮 ⊡ ，再按住鼠标左键并拖曳鼠标，绘制形状；可按住空格键，拖曳正在绘制的形状到适当的位置。松开鼠标后，图像窗口中只剩下两个圆形相交的部分。

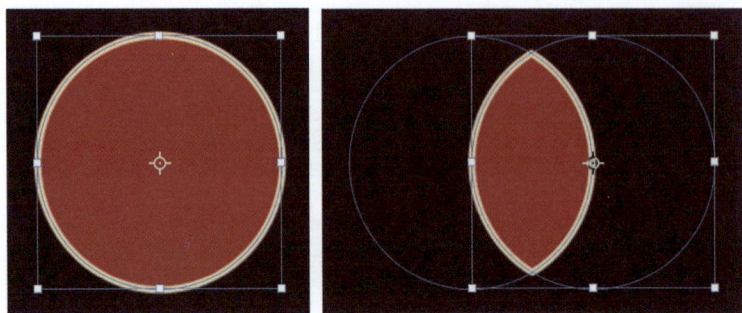

12 单击属性栏中的"路径操作"按钮 ▣，在弹出的面板中选择"合并形状组件"命令。此时，一个简易的花瓣形状就制作完成啦。

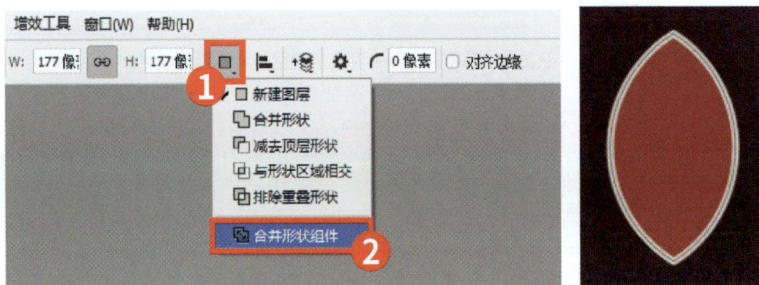

13 选择工具栏中的"椭圆工具"选项 ◯。拖曳鼠标并按 Shift 键，绘制一个圆形。

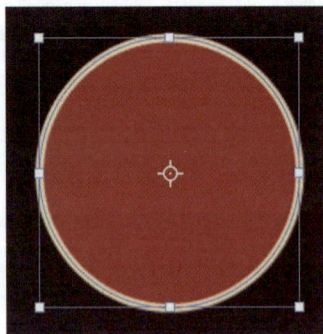

14 单击属性栏中的"路径操作"按钮 ⬚，在弹出的面板中选择"排除重叠形状"命令。

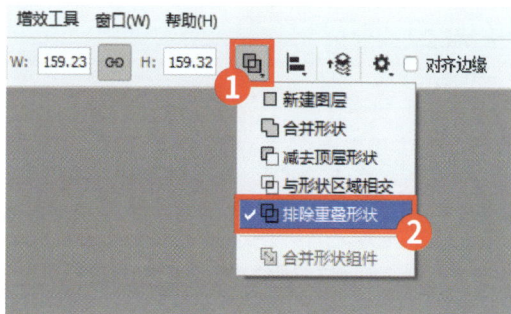

15 先按住鼠标左键并拖曳鼠标，再按 Shift 键，使其变为正圆。松开鼠标后，只有相交的部分被剪去。

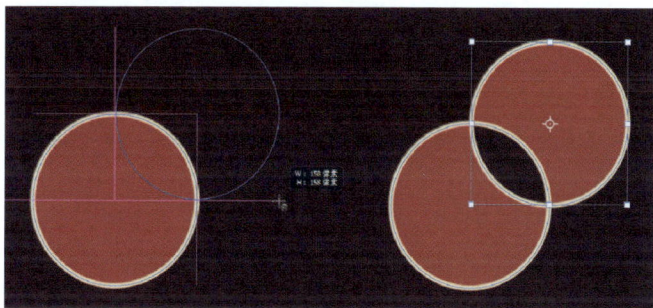

16 使用步骤15的方法继续绘制圆形。

17 选择工具栏中的"矩形工具"选项 ▣，按住 Alt+Shift 键，此时，属性栏中的"路径操作"按钮 ▣ 变为"与形状区域相交"按钮 ▣。然后，按住鼠标左键并拖曳鼠标，绘制形状；松开鼠标后，图像窗口中只剩下矩形与其他形状相交的部分。

18 单击属性栏中的"路径操作"按钮 ◻，在弹出的面板中选择"合并形状组件"命令。此时，传统纹样就绘制完成了。

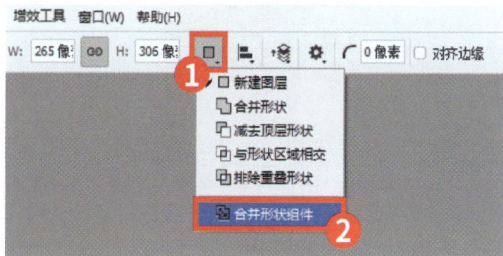

03 快捷操作：如何移动、复制、旋转和缩放图像？

在日常的图像编辑工作中，调整图像的位置、数量、角度及尺寸都是常见的操作。使用快捷键可以帮助大家更高效地进行图片编辑和处理。

1 在 Photoshop 中打开"对图像快捷操作−素材 .psd"文件，这正是刚刚绘制的花瓣形状。

2 按 Ctrl+T 快捷键，图像周围出现变换框。

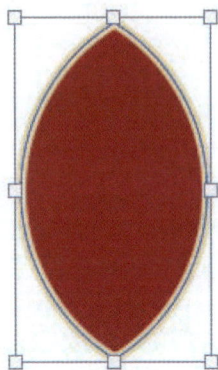

3 勾选属性栏中的"切换参考点"选项，在图像窗口中显示参考点，在选项旁边设置参考点位置。

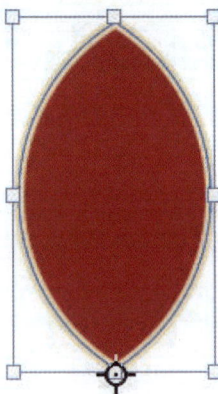

4 将鼠标指针放在 4 个顶点外缘，指针变为 ↰ 形状，按住鼠标左键并拖曳鼠标可以旋转形状。先按住 Shift 键，再按住鼠标左键并拖曳鼠标，这样每次旋转的角度将是 15°的倍数。

60.0°

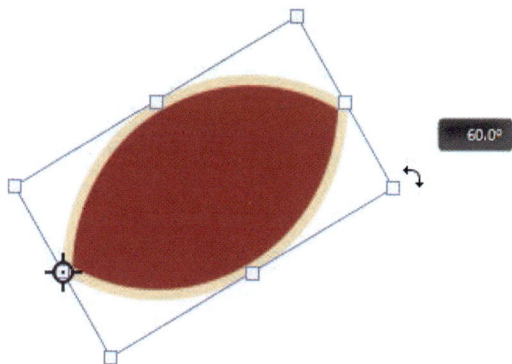

5 按 Enter 键确定操作。按 Alt+Shift+Ctrl+T 快捷键，可再次变换形状。

6 选择工具栏中的"椭圆"工具 ◎，拖曳鼠标并按 Shift 键，绘制一个圆形。在属性栏中设置填充和描边类型等选项。花朵就绘制完成了。

7 在"图层"面板中，按住 Shift 键的同时，单击"椭圆 1"图层，将"椭圆 2"图层和"椭圆 1"图层之间的所有图层同时选取。在选取的图层上单击鼠标右键，在弹出的菜单中选择"栅格化图层"命令，栅格化图层。

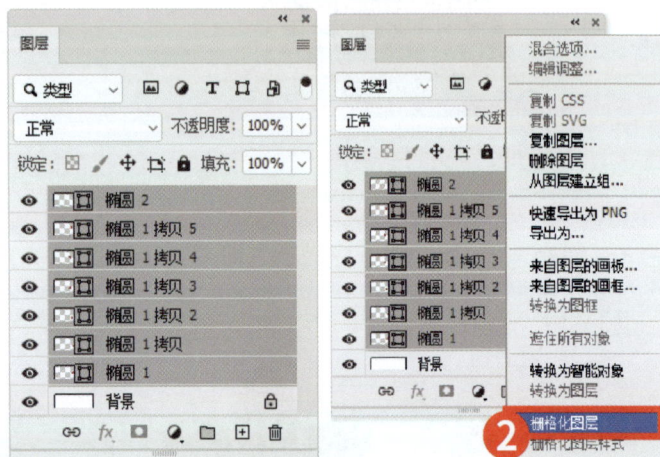

8 保持多个图层的选取状态。按 Ctrl+E 组合键，合并图层。

9 选择工具栏中的"移动"工具，按住 Alt 键，指针变为形状，拖曳图像到适当的位置，实现图像的复制。在"图层"面板中生成新的图层"椭圆 2 拷贝"。

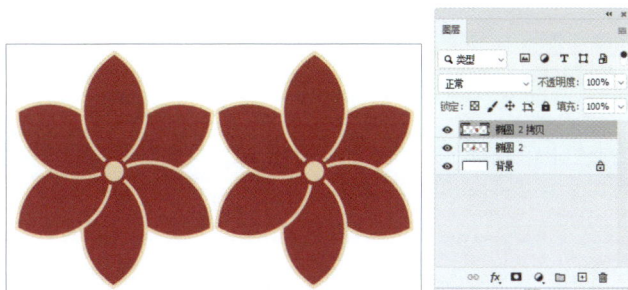

10 按 Ctrl+T 快捷键，图像周围出现变换框。

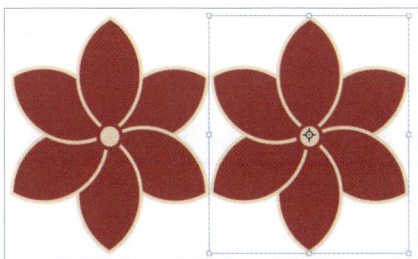

11 在属性栏中将保持长宽比设为选中状态，任意选择一个变换控点，按住鼠标左键并拖曳鼠标，可等比例缩放图像。

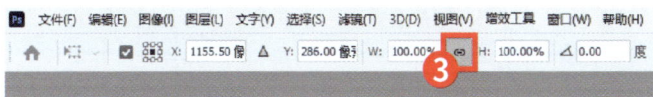

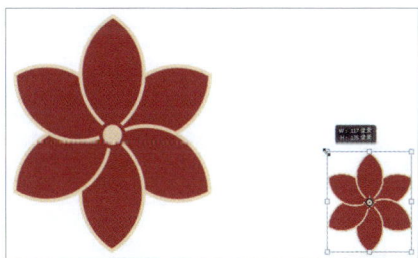

12 使用上述的方法，可制作多个图像。

04 裁剪图片：如何将图片裁剪成需要的形状和尺寸？

裁剪图片是一项基本又实用的操作，可以去除图片中不需要的部分，聚焦于主体本身。而裁剪后的图片则能够更好地适应不同的设计需求。

裁剪为矩形

1 在 Photoshop 中打开一张图片，选择工具栏中的"裁剪"工具 ，图片周围出现裁剪框。拖曳裁剪框边缘的控制条，可裁剪图片为任意大小的矩形。

2 也可在属性栏中自定义裁剪的比例，例如，此处设置宽度为 800 像素，高度为 700 像素。在数值框中直接输入数值，图像窗口中的裁剪框就会随之发生变化。

3 在 Photoshop 中有很多常用预设，单击属性栏中的裁剪预设框，在弹出的下拉列表中选择需要的尺寸比例即可。

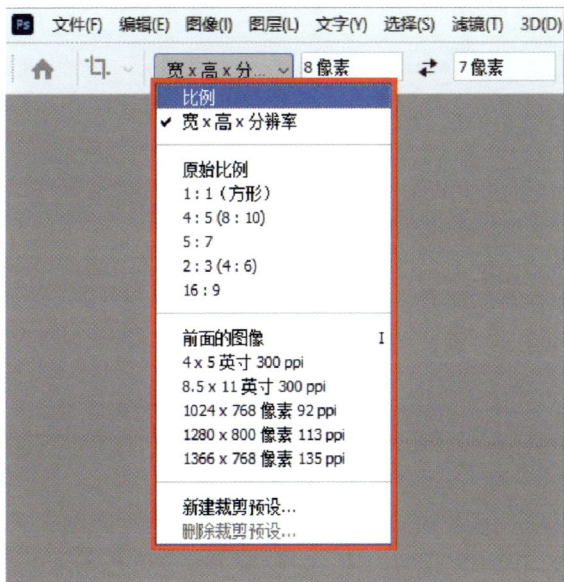

裁剪为其他形状

1 新建一个透明背景的文件，按本节技巧 01 的方法，绘制一个有填充色、无边框线的圆形。

2 打开一张图片，选择工具栏中的"移动"工具 ⊕，将图片拖曳到新建的图像窗口中。注意：图片所在图层需在形状图层上方。

3 按 Alt+Ctrl+G 快捷键，为图片创建剪贴蒙版。在图像窗口中，将只显示与形状相交的区域。

4 选中"图层 2"图层。按 Ctrl+T 快捷键，拖曳图片到适当的位置并调整大小。

5 按 Enter 键确定操作。选择"图像 > 裁切"命令，在弹出的对话框中选择"透明像素"选项，单击"确定"按钮，裁切图像。之后再将图像导出为 PNG 格式即可。

6 如果学习了本节的技巧 02，根据上述步骤，就可以裁切出更为复杂的形状图片。

05 撤销操作：效果不理想，如何快速返回之前的步骤？

在编辑过程中，撤销操作能帮助我们更加高效地纠正错误和调整效果。而"历史记录"面板则可以将进行过多次操作的图像恢复到任意一步操作时的状态。如果发现操作效果不理想，可以通过"历史记录"面板来快速返回之前的步骤。

1 选择"窗口 > 历史记录"命令，弹出"历史记录"面板。Photoshop中每一步的操作都被记录在"历史记录"面板。

2 选择"历史记录"面板里的操作，图像就会恢复到该操作对应的效果。

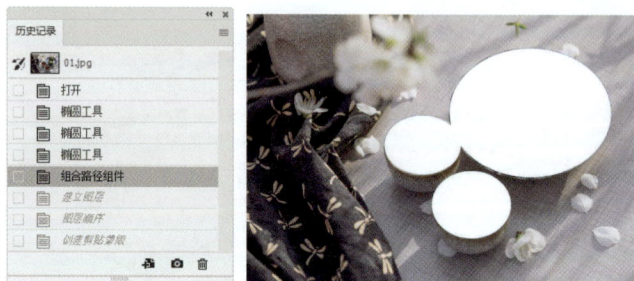

06 图像清晰度：如何缩放图像，并保证清晰度？

频繁地缩小或放大操作会损害图像清晰度，进而降低图像的整体质量。利用智能对象能够在缩放、旋转、变换等操作时保留原图像的像素信息。这种特性使得智能对象成为处理高分辨率图像的理想选择。

普通图层转换为智能对象

在普通图层上单击鼠标右键，在弹出的菜单中选择"转换为智能对象"命令，将其转换为智能对象。

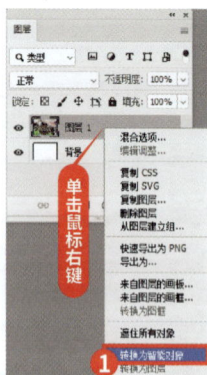

直接置入智能对象

选择"文件 > 置入嵌入对象"命令，在弹出的对话框中选择需要的文件，单击置入按钮，则在图层面板中生成一个智能对象。

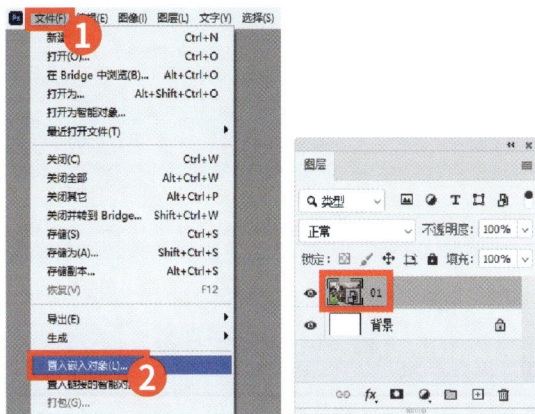

07 绘制图像：如何绘制随机分布的星空效果？

绘制图像虽然看似复杂，但使用"画笔"工具 ✎ 及"画笔设置"面板就可以实现如下效果。

1 在 Photoshop 中打开一张图片。单击"图层"面板下方的"新建

图层"按钮 回，新建一个图层。

2 选择工具栏中的"画笔"工具 ，在属性栏中单击"画笔预设"选项，在弹出的面板中选择需要的画笔形状和大小。单击"画笔设置"按钮 ，弹出"画笔设置"面板。

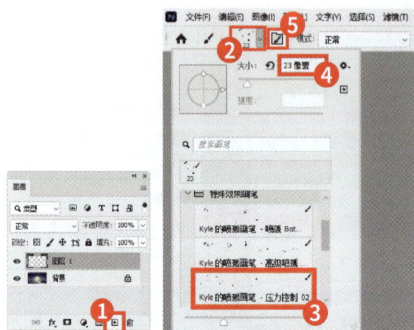

3 在"画笔设置"面板中选择"画笔笔尖形状"选项，将"间距"设置为"100%"。

4 切换到"形状动态"选项，将"大小抖动"设置为"100%"。

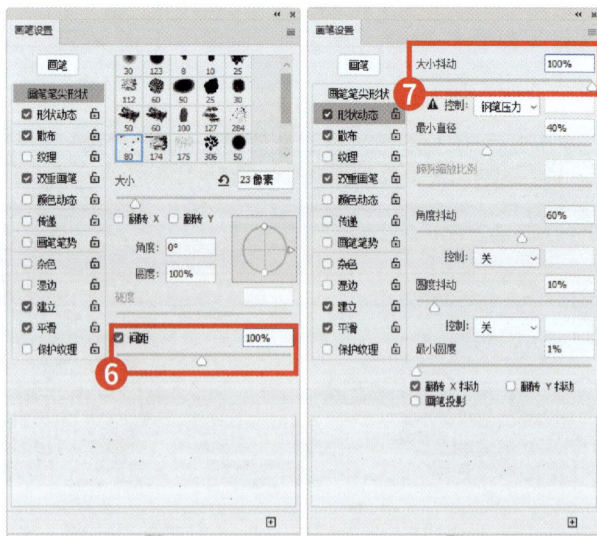

5 将输入法切换至英文后，按 D 键，恢复默认前景色和背景色；按 X 键，切换前景色和背景色。

6 在新图层中单击鼠标并以圆圈的形式拖曳鼠标进行绘制，可在"画笔预设"选项中适当调整画笔大小，多次绘制。

08 旋转画布：选错画布方向，如何快速调整？

旋转画布可以将我们不满意的画布方向重新布局，快速旋转调整，无须再次新建文件。

1 在 Photoshop 中新建一个文件。

2 将鼠标指针悬停在"图像 > 图像旋转"命令上，会出现展开菜单。可根据需要选择命令。

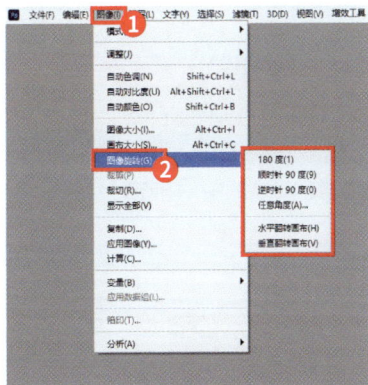

09 调整画布：画布尺寸不够用，如何轻松修改？

调整画布有修改参数和使用"裁剪"工具 🛱 两种方法，这两种方法都可以调整画布的尺寸。

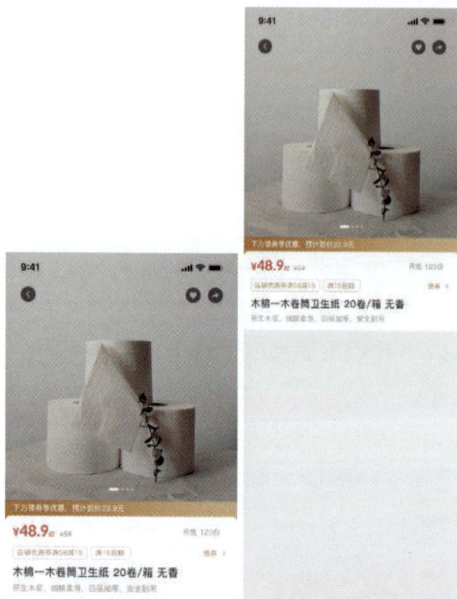

修改参数法

1 单击工具栏中的"背景色"按钮，弹出"拾色器（背景色）"对话框，将背景色修改为需要的颜色，单击"确定"按钮。

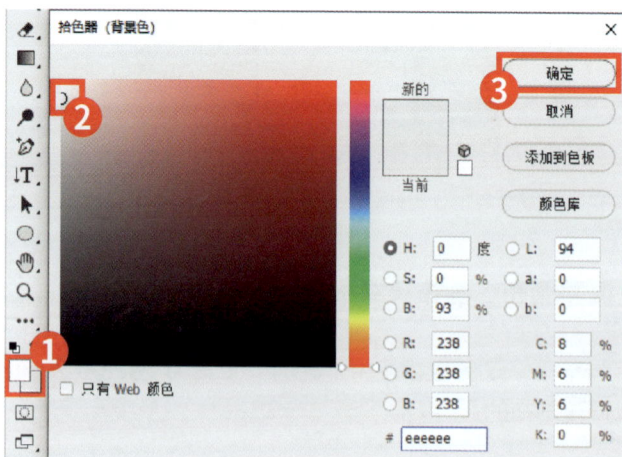

2 选择"图像 > 画布大小"命令。

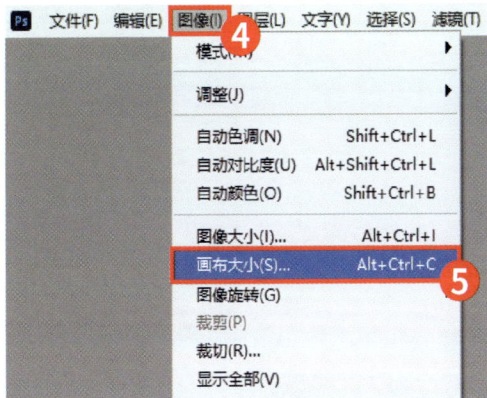

3 在弹出的"画布大小"对话框中将页面定位在正上方，画布则只会向下方扩展。修改高度为 2000 像素。单击"确定"按钮，画布调整完成。

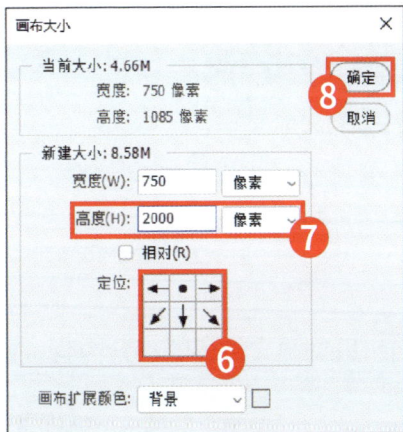

裁剪法

1 选择"裁剪"工具 ，画布周围出现裁剪框。

2 向下拖曳下方中间的控制条，扩展画布到适当的位置。按 Enter 键确定操作，画布调整完成。

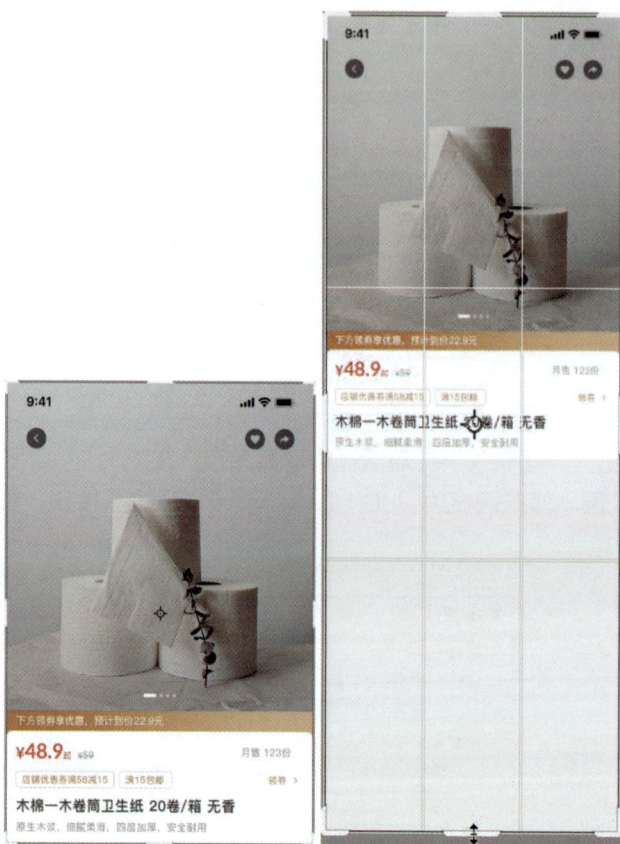

10　单独导出：只需要文件里的部分内容，如何单独导出？

单独导出是 Photoshop 中常见的需求，熟练掌握这项技能不仅能够提高工作效率，还能保证设计作品的质量和专业度。

1 在 Photoshop 中打开"单独导出 – 素材 .psd"文件。

2 在"图层 1"图层上单击鼠标右键，在弹出的菜单中选择"快速导出为 PNG"命令。

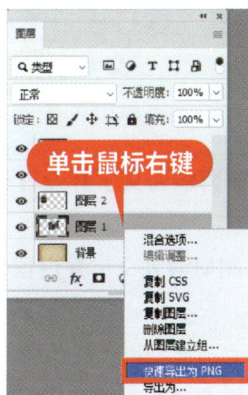

③ 选择保存路径和文件名，即可将所选图层导出为 PNG 格式的图像。

1.4 文字基础操作：6 招学会文字的创建与编辑

为了提升信息的传递效率与质量，设计师们常常需要用 Photoshop 创建文字，以此传递有效信息。利用 Photoshop，设计师们能够灵活设计文字样式，确保信息不仅准确无误地传达，还能以视觉上的美感吸引观者的注意，使信息的传播更加广泛且深入人心。

01 输入文字：如何输入文字并设置文字走向？

输入文字是排版设计的基础。对于海报、书籍封面或是网页设计的创作来说，输入文字也是必不可少的。

输入文字

① 在 Photoshop 中新建一个文件。

2 选择工具栏中的"横排文字工具"选项 T.，在画布上单击鼠标并拖曳鼠标，生成一个段落文本框，在文本框中输入需要的文字。也可在画布上单击，生成点文本，输入需要的文字。

> 输入文字：如何输入文字并设置文字走向？

> 输入文字：如何输入文字并设置文字走向？

3 无须"字符"面板，选中刚刚输入的文字，在属性栏中就可简单地设置字体样式、字重、字体大小、对齐方式、字体颜色等选项。

字体样式　字重　字体大小　对齐方式　字体颜色

输入文字：如何输入文字并设置文字走向？

转换文字的排列方向

1 选择"文字 > 文本排列方向 > 竖排"命令，使文字由水平排列转换为垂直排列。

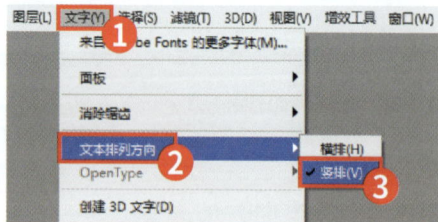

图层(L) 文字(Y) 选择(S) 滤镜(T) 3D(D) 视图(V) 增效工具 窗口(W)

来自...be Fonts 的更多字体(M)...
面板　　▶
消除锯齿　▶
文本排列方向　▶　横排(H)
OpenType　▶　✓ 竖排(V)
创建 3D 文字(D)

输入文字：如何输入文字并设置文字走向？

2 还可将直排内的文字转换为横排。选中部分文字，按 Ctrl+T 快捷键，弹出"字符"面板，展开"字符"面板中的菜单栏，在菜单栏中选择"直排内横排"命令，选取的文本将转换为横排。

更改英文在竖排文本中的对齐方式

1 选择工具栏中的"直排文字工具"选项┃T┃，输入一个带有英文的文本。

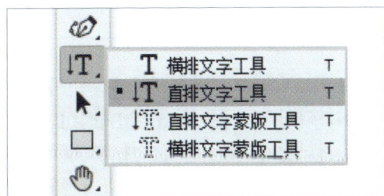

2 选中刚刚输入的文字，按 Ctrl+T 快捷键，弹出"字符"面板，展开"字符"面板中的菜单栏，在菜单栏中选择"标准垂直罗马对齐方式"命令，文本中的英文字符转换为横向显示。

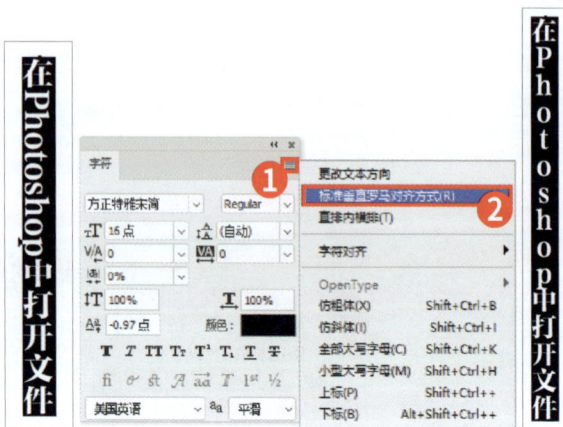

02　调整文字：如何调整文字间距和对齐方式？

调整文字指的是为刚输入好的文字选择合适的字体、颜色、间距以及对齐方式。这些细节虽小，却能够影响文本的可读性和整体的视觉效果。

调整文字间距

1 在 Photoshop 中新建一个文件。

2 选择工具栏中的"横排文字工具"选项 T.，在画布上单击鼠标左键并拖曳鼠标，生成一个段落文本框，在文本框中输入需要的文字。

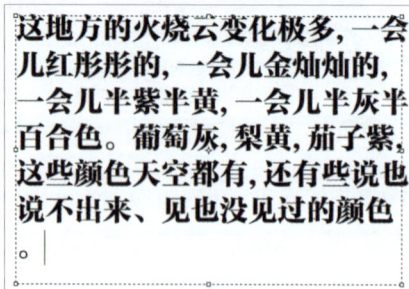

3 选中刚刚输入的文字，按 Ctrl+T 快捷键，弹出"字符"面板，在"字符"面板中设置"行距"和"字距"。这里将"行距"设置为"36 点"，"字距"设置为"−100"，图像效果如下图所示。

4 保持文字选中状态，每按一次 Alt+ 向左或向右方向键，可调整 20 字距；每按一次 Alt+ 向上或向下方向键，可调整 1 点行距。

调整对齐方式

1 使用刚刚设置的段落文本来调整对齐方式。

2 选择"窗口 > 段落"命令。

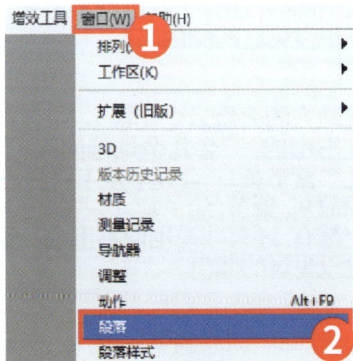

3 在弹出的"段落"面板中选择需要的对齐方式。这里我们选择了"最后一行左对齐"按钮 ▤，效果如下图所示。

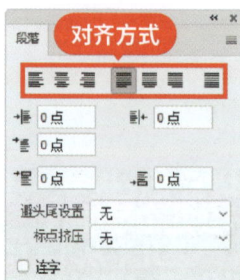

这地方的火烧云变化极多，一会儿红彤彤的，一会儿金灿灿的，一会儿半紫半黄，一会儿半灰半百合色。葡萄灰，梨黄，茄子紫，这些颜色天空都有，还有些说也说不出来、见也没见过的颜色。

03 调整段落：如何避免标点符号出现在行首？

调整段落是一种提高设计作品专业度的细节操作。在本节技巧 02 中我们可以看到，输入段落文本时，标点符号出现在了行首，为防止这种情况发生，需要对文本进行调整。

这地方的火烧云变化极多，一会儿红彤彤的，一会儿金灿灿的，一会儿半紫半黄，一会儿半灰半百合色。葡萄灰，梨黄，茄子紫，这些颜色天空都有，还有些说也说不出来、见也没见过的颜色。

这地方的火烧云变化极多，一会儿红彤彤的，一会儿金灿灿的，一会儿半紫半黄，一会儿半灰半百合色。葡萄灰，梨黄，茄子紫，这些颜色天空都有，还有些说也说不出来、见也没见过的颜色。

1 在 Photoshop 中打开"调整段落 – 素材 .psd"文件，也就是本节技巧 02 中所用到的文字。

2 在"图层"面板中，选择文本图层。

3 选择"窗口 > 段落"命令。

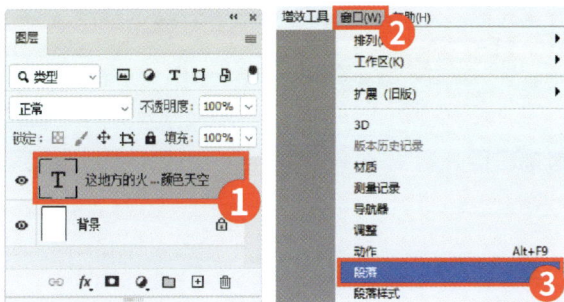

4 在弹出的"段落"面板中，将"避头尾设置"选项设置为"JIS 严格"，位于行首的标点会被自动调整到合适的位置。

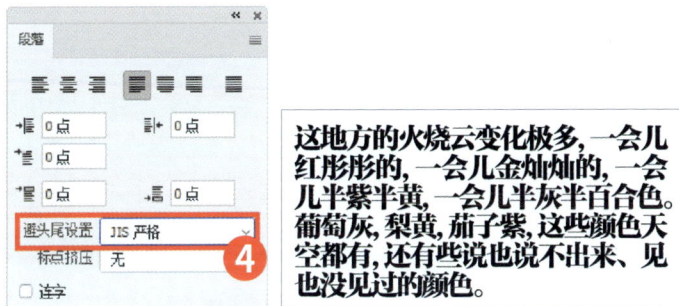

这地方的火烧云变化极多，一会儿红彤彤的，一会儿金灿灿的，一会儿半紫半黄，一会儿半灰半百合色。葡萄灰，梨黄，茄子紫，这些颜色天空都有，还有些说也说不出来、见也没见过的颜色。

04 路径文字：如何使文字围绕图形排列？

路径文字作为一种独特的设计元素，可以为作品增添无限的创意和动态感，让作品更加生动且引人注目。要想实现这一效果，可以通过特定的软件功能或技巧来完成。

在路径上创建文字

1 在 Photoshop 中新建一个文件。

2 选择工具栏中的"椭圆工具"选项 ○ ，将属性栏中的"选择工具模式"选项设置为"路径"。

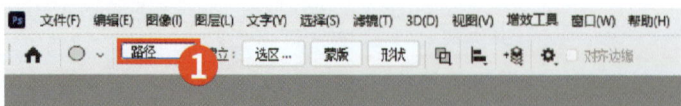

3 先单击鼠标左键并拖曳鼠标，再按 Shift 键，绘制一个圆形路径。

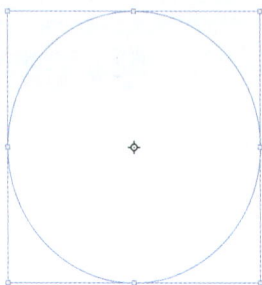

4 选择工具栏中的"横排文字工具"选项 **T.**，将鼠标指针放在圆形路径上，鼠标指针显示为 形状。

5 在路径上单击鼠标左键，出现闪烁的鼠标指针，此处为输入文字的起点，输入的文字会沿着路径排列。

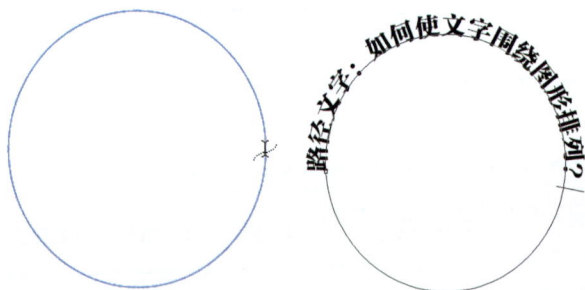

在路径上移动或翻转文字

1 选择工具栏中的"路径选择"工具 **▶.**，将鼠标指针放置在路径文字上，鼠标指针显示为 形状。沿着路径拖曳鼠标，可以移动文字；向路径内侧拖曳，可以沿路径翻转文字。

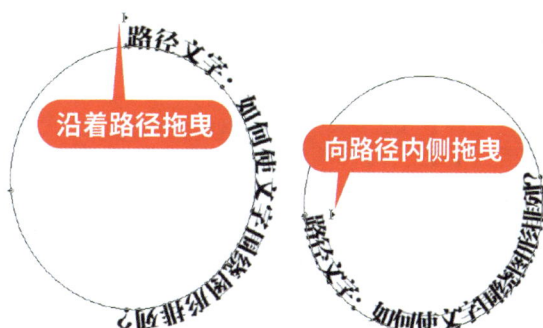

沿着路径拖曳

向路径内侧拖曳

05 变形文字：如何制作文字的花样变形效果？

变形文字是一种极具表现力的艺术形式，它让文字突破常规形态，深刻传达创意与情感。在文字工具属性栏中，通过"创建文字变形"按钮可以对文字进行多种样式的变形，创造出千变万化的视觉效果。这些变形不仅能够为设计作品增添无限趣味，还能赋予其独一无二的个性魅力。

1 在 Photoshop 中新建一个文件。

2 选择工具栏中的"横排文字工具"选项 T.，在画布中输入需要的文字。

3 单击属性栏中的"创建文字变形"按钮 工.。

4 在弹出的"变形文字"对话框中，其"样式"选项中有 15 种文字的变形效果。此处以"拱形"为例，单击"确定"按钮，效果如下图所示。

变形文字：
一招制作文字的花样变形效果

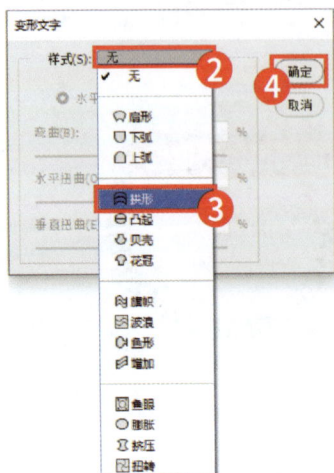

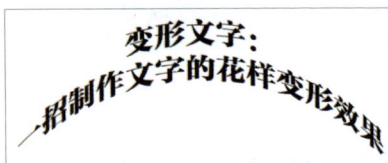

06 美化文字：如何利用图层样式，使文字更有立体感？

美化文字会让文字变得生动、有趣，而 Photoshop 中的图层样式就是实现这一目标的强大工具之一。通过巧妙地使用图层样式，可以轻松赋予文字以立体感，使其在众多元素中脱颖而出。

美化文字　　美化文字

1 在 Photoshop 中新建一个文件。

2 选择工具栏中的"横排文字工具"选项 T.，在画布中输入需要的文字。

3 单击"图层"面板下方"添加图层样式"按钮 fx，在弹出的菜单栏中选择"斜面和浮雕"命令。

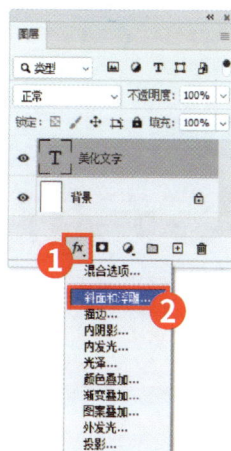

4 在弹出的"图层样式"对话框中可以对当前图层进行特殊效果的设置。任意单击左侧的菜单栏中的选项，还可以切换到相应的选项进行设置。

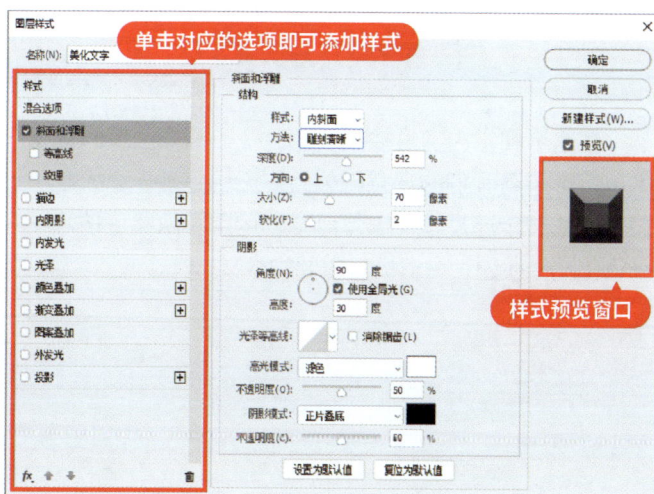

秒懂图像处理：

PS+AI 实例精讲

▶▶ 第 **2** 章 ◀◀

图像修正：轻松改善图像质量的要点

在这个视觉内容日益重要的时代，图像质量的优劣直接影响着我们的观感与体验。无论是用于个人收藏、商业展示还是社交媒体分享，运用图像修正技术来优化图像质量，具有极其重要的意义。

2.1 图像去除技巧：3 招去除画面中不需要的部分

为了使图片更贴合我们的需求，可以使用图像去除技巧去除画面中某些不需要的部分，让画面更加简洁明了，突出主体。

01 图片水印：如何轻松去除图片水印？

图片水印若破坏了整体视觉效果，确实会令人心生不悦。不过借助 Photoshop 中的专业工具，我们可以轻松去掉这些恼人的图片水印。

原图

效果图

1 在 Photoshop 中打开需要处理的图片。

2 选择工具栏中的"魔棒"工具 ✦。

3 在属性栏中将模式设置为"添加到选区"，"容差"值设置为"32"。

4 单击水印区域，将水印部分全部选中。

5 选择"选择 > 修改 > 扩展"命令。

6 在弹出的"扩展选区"对话框中，将"扩展量"修改为"4"像素，单击"确定"按钮。

7 按 Delete 键，弹出"填充"对话框。将对话框中的"内容"设置为"内容识别"，单击"确定"按钮。

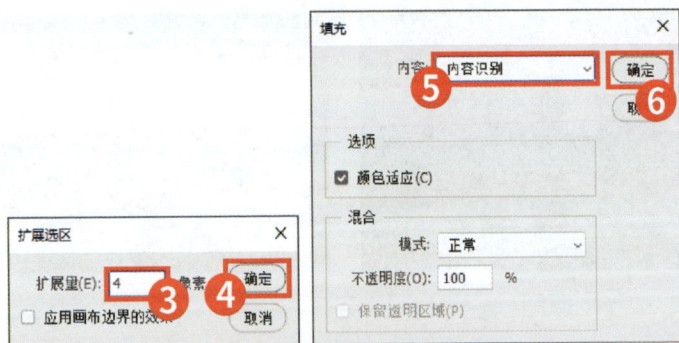

8 按 Ctrl+D 快捷键，取消选区。图片水印被去除。

02 文档水印：如何去除影响阅读的文档水印？

文档水印是文档里一种半透明的文字或者图案标识。运用色阶命令，不仅能确保阅读不受干扰，还能轻松将文档水印去除。

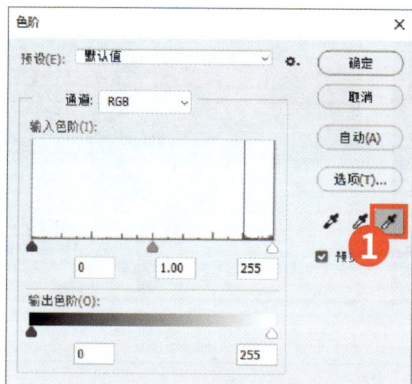

| 原图 | 效果图 |

1 在 Photoshop 中打开需要处理的图片。

2 按 Ctrl+L 快捷键，弹出"色阶"对话框，选择"设置白场"工具 ⌀ 。

3 在水印上单击，即可快速去除文档水印。

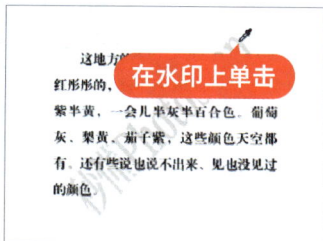

03 去除多余的人与物：图片背景太杂乱怎么处理？

掌握去除多余人与物的技巧，是出门游玩拍摄后的迫切需求。借助专业的图像编辑工具，可以实现让多余的人与物消失的同时，保留风景的原始韵味与美丽。

原图

效果图

1 在 Photoshop 中打开需要处理的图片。

2 按 Ctrl+J 快捷键，复制图层。在"图层"面板中生成新的图层"图层 1"。

3 选择工具栏中的"移除"工具 ✎.。在图片中多余的人物区域涂抹，松开鼠标后，该人物即被移除。

处理前

处理后

4 可以看到图片中的柱子依旧不是很完美。选择工具栏中的"仿制图章"工具 ♣.。

5 将鼠标指针移至上方柱子附近，按住 Alt 键，此时鼠标指针变为 ⊕ 形状。随后单击鼠标左键，确定取样点。

6 释放 Alt 键后，在下方柱子上单击进行涂抹，取样区域的内容就被复制到下方柱子表面。

修改前　　　　　　　　　　　修改后

7 重复步骤 **5** 、 **6** 的方法，直至画面自然。

2.2 图像修改技巧：初步掌握 5 点修图方法

对图像去除多余的部分后，还需要进行一系列图像修改的操作。能够快捷而精确地修改图像是提高处理图像效率的关键。

01 倾斜校正：如何后期调整倾斜的照片？

在拍照过程中，由于手持不稳、地形不平等原因，常常会出现照片倾斜的问题。通过"标尺"工具 ⌷，可以轻松地进行倾斜校正，让照片恢复水平或垂直状态。

原图　　　　　　　　　　　　效果图

1 在 Photoshop 中打开需要处理的图片。

2 选择工具栏中的"标尺"工具 <u>▥</u>。

3 在图片上沿着倾斜的物体边缘拖曳出一条测量线。

4 在属性栏中单击"拉直图层"按钮，拉直图片。

5 按 Ctrl+T 快捷键，图片周围出现变换框。按住 Alt 键的同时，以中心点为基准放大图片，直至图片填满画布，按 Enter 键确定操作。

修改前

修改后

02 侧面变正面：如何使用工具便捷修改广告牌？

广告牌在照片中常常是侧面朝向的。那么如何将广告牌提取出来，并转换成正面朝向的视图呢？下面简单的操作步骤，可以实现这一目标。

原图　　　　　　　　　　　　　　效果图

1 在 Photoshop 中打开需要处理的图片。

2 选择"透视裁剪"工具 ▣.。

3 分别在广告牌的 4 个顶点处单击。

4 按 Enter 键确定操作，有透视效果的平面就转变为正面朝向了。

5 如果觉得裁剪后的图片比例不对，可按 Ctrl+T 快捷键，调整图片。

03 竖屏变横屏：如何随意更改照片比例？

在摄影与设计领域，作品的展示平台决定了其最佳尺寸和比例。有时，一张原本为手机竖屏拍摄的照片，可能需要适应网页横幅等横屏显示的需求。这种情况下，掌握如何在 Photoshop 中高效调整照片比例就显得尤为重要了。

原图

效果图

1 在 Photoshop 中打开需要处理的图片。

2 选择上下文任务栏中的"选择主体"按钮 ⬛ 选择主体 。

3 人物周围自动生成选区。

修改前

修改后

4 选择工具栏中的"矩形选框"工具 ⬚ ，在画布上单击鼠标右键，在弹出的菜单中选择"存储选区"命令。

5 在弹出的"存储选区"对话框中，将"名称"文本框设置为"人物"，单击"确定"按钮。

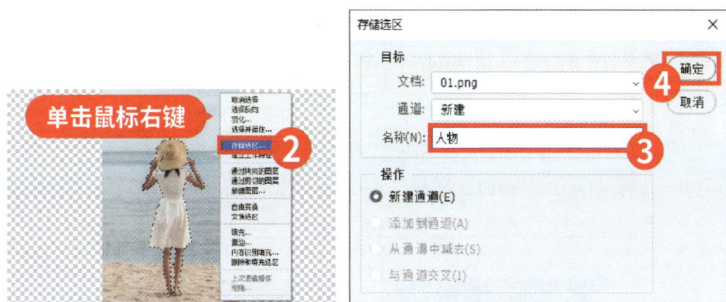

6 按 Ctrl+D 快捷键，取消选区。

7 选择"编辑 > 内容识别缩放"命令。

8 在属性栏中将"保护"选项设置为"人物"，将这一部分保护起来，不受缩放影响。

9 按住 Alt+Shift 键的同时，拖曳右侧中间的变换控点，将图像左右拉伸，铺满画布。按 Enter 键，即可在不改变人物的情况下调整图片比例。

04 蓝底变红底：如何更换证件照背景？

在日常生活中，时常面临各种证件照背景颜色不合规定所带来的尴尬局面，重新拍摄既费时又耗力。然而，借助 Photoshop 的强大功能，这个问题完全可以通过后期处理解决。

原图　　　　　　　　　效果图

1 在 Photoshop 中打开需要处理的图片。

2 选择"对象选择"工具 。

3 在人物主体处单击，将人物选中。按 Ctrl+Shift+I 快捷键，反选选区。

修改前　　　　　　　　　修改后

4 按 Ctrl+U 快捷键，弹出"色相 / 饱和度"对话框。将该对话框中的"色相"选项设置为"+155"，"饱和度"选项设置为"+100"，"明度"选项设置为"−23"，单击"确定"按钮。

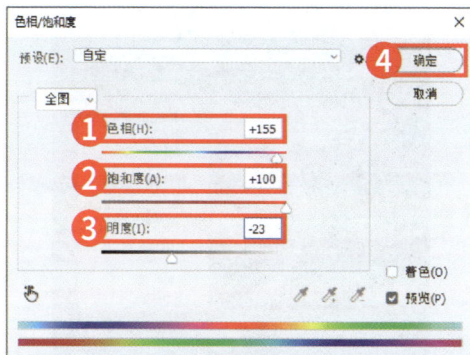

5 按 Ctrl+D 快捷键，取消选区。最后，导出需要的图片格式即可。

05 九宫格朋友圈：如何将一张照片等比例裁切为九部分？

九宫格朋友圈总能吸引到众多目光。今天就来教大家如何制作九宫格图片，轻松拿捏朋友圈的视觉焦点。

原图

效果图

1 在 Photoshop 中打开需要处理的图片。

2 选择工具栏中的"切片"工具 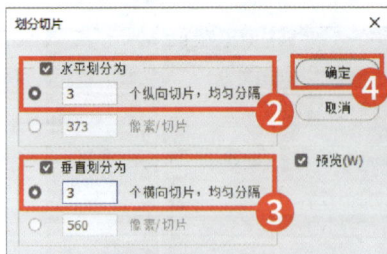。

3 在图片上单击鼠标右键，在弹出的菜单中选择"划分切片"命令。

4 在弹出的"划分切片"对话框中，同时勾选"水平划分为"和"垂直划分为"复选框，并将纵向和横向切片的数量均改为"3"。

5 单击"确定"按钮，图片中生成划分区域。

6 选择"文件 > 导出 > 存储为 Web 所用格式（旧版）"命令。

7 在弹出的"存储为 Web 所用格式"对话框中，将"优化的文件格式"

设置为"PNG-8"，单击"存储"按钮。

8 在弹出的"将优化结果存储为"对话框中，将"切片"选项设置为"所有用户切片"，选择保存路径，单击"保存"按钮。在弹出的提示框中单击"确定"按钮，保存文件。

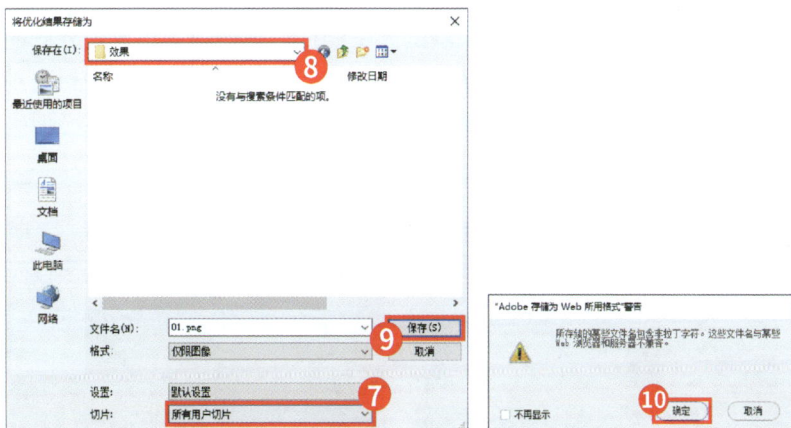

9 根据保存路径打开文件夹，可以看到切片后的图片按照顺序存放在"images"文件夹中。

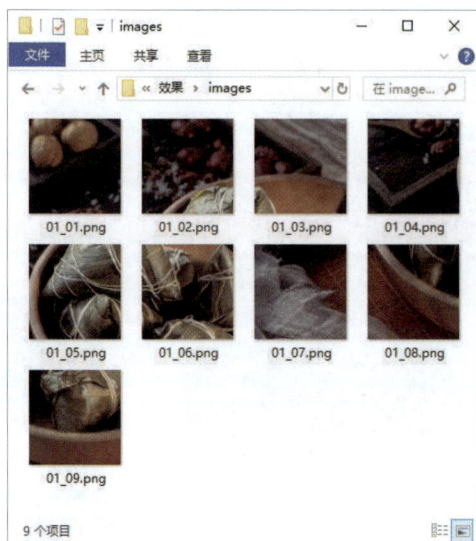

06 更换天空：如何将灰蒙蒙的天空一键替换为蓝天白云？

更换天空可以将一张灰蒙蒙的天空照片一键替换为蓝天白云的明媚景象。这种操作不仅增强了照片的视觉效果，还实现了快速且直观的天空变换，让后期处理变得更加高效便捷。

原图

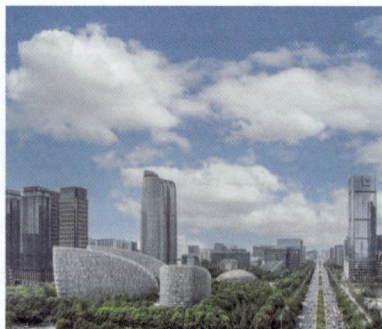

效果图

1 在 Photoshop 中打开需要处理的图片。

2 选择"编辑 > 天空替换"命令。

3 在弹出的"天空替换"对话框中，选择想要的天空，将"亮度"选项设置为"50"，单击"确定"按钮。"图层"面板中自动生成"天空替换组"图层组，组内包含多个图层，且带有蒙版，便于后续编辑。

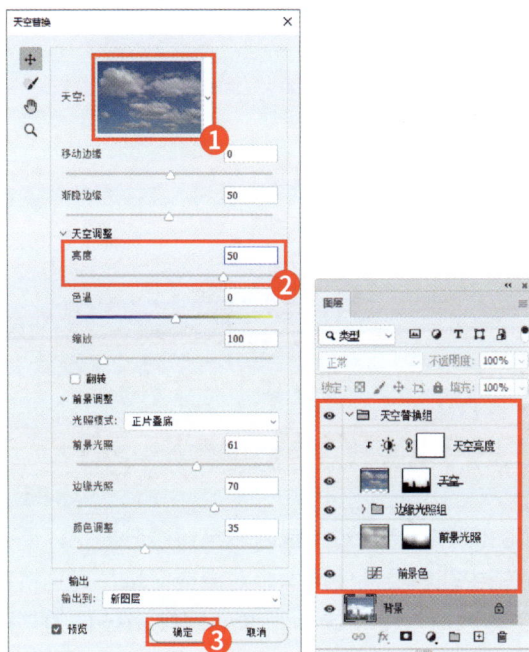

秒懂图像处理：
PS+AI
实例精讲

▶▶ 第 3 章 ◀◀
抠图技巧：素材与背景轻松分离的 8 种方法

　　将图像中的特定对象或区域与背景分离，以便在后续编辑中能够灵活使用这个对象或区域，甚至将其放置在其他背景上，这种图像处理技术被称为"抠图"。本章将针对不同的应用场景，介绍几种常见的抠图技巧。

01 新手必看：如何使用 Photoshop 实现一键智能抠图？

在 Photoshop 2024 中，上下文任务栏被设计为一个灵活的浮动菜单，能够根据用户当前的工作流程动态显示相关的后续操作选项。利用这一特性，用户可以通过上下文任务栏中的选项，轻松实现一键智能抠图功能。

效果图　　　　　　　　设计效果图

1 在 Photoshop 中打开需要处理的图片。

2 选择"窗口 > 上下文任务栏"命令，弹出"上下文任务栏"浮动菜单。

3 单击"上下文任务栏"浮动菜单中的"移除背景"按钮 ，等待几秒后，Photoshop 自动完成抠图操作。

4 此时，在"图层"面板中则会生成蒙版，"背景"图层变为"图层 0"图层，图像背景被移除。

02 火焰抠图：如何一招完美去除黑底素材的背景？

火焰与光效这类素材，其美感的关键在于保留光感并实现从亮到暗的自然过渡。由于它们的边缘模糊不清，难以精确定位，使用常规的抠图工具往往会导致抠出来的图边缘显得生硬不自然。所以需要使用一种合适的方法来实现这类素材的抠图。

原图　　　　　　　　　　效果图

1 在 Photoshop 中打开"火焰抠图 – 素材 .psd"文件。
2 选中"火焰"图层。将图层的"混合模式"选项设置为"滤色"。

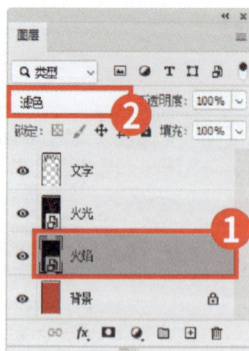

3 通过调整图层的混合模式得到的火焰需保存为 PSD 格式文件，才能在 Photoshop 文档中使用。

03 快速抠图：背景与主体物反差明显，如何实现快速抠图？

　　若需要快速选中图像中某个大面积且颜色相对一致的区域，使用魔棒工具是一个很好的选择。它可以根据颜色的相似性来创建选区，从而简化选择过程。

 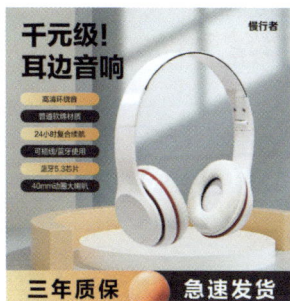

效果图　　　　　　　　　　设计效果图

1 在 Photoshop 中打开需要处理的图片。

2 选择"魔棒"工具 ❖ 。

3 在属性栏中将"魔棒"工具的"容差"值设置为"32"，取消勾选"连续"复选框。

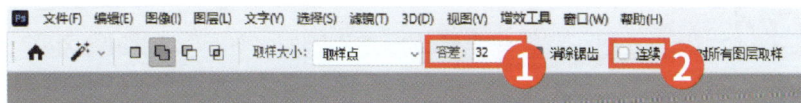

4 单击图片中的背景，则所有的背景区域都会被选中。

5 按 Ctrl+Shift+I 快捷键，反选选区。

6 按 Ctrl+J 快捷键，复制选区内的图像。在"图层"面板中生成新的图层"图层 1"。

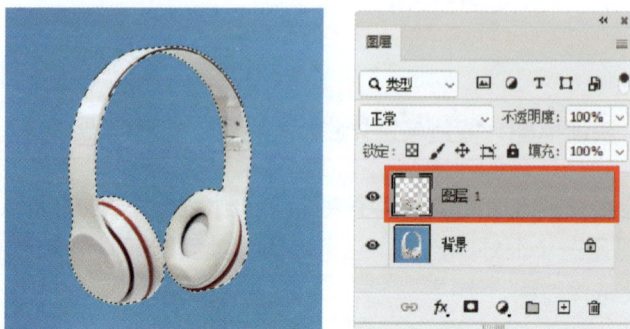

7 单击"背景"图层前的眼睛图标，隐藏"背景"图层。

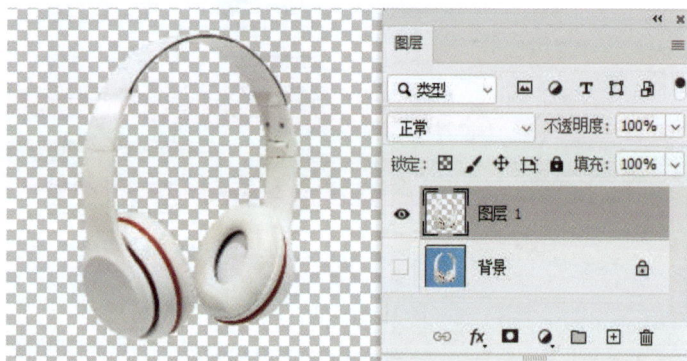

8 将图像导出为 PNG 格式，素材就抠好了。

04 精细抠图：背景与主体物反差不明显，如何实现快速抠图？

　　在进行精细抠图过程中，当背景与主体物的反差不够明显时，钢笔工具无疑是一个极为有效的工具。该工具允许用户通过绘制路径来精确选择主体物，特别适合处理边缘复杂或背景与主体区分不明显的图像。

效果图 设计效果图

　　在使用"钢笔"工具之前，先学习"钢笔"工具的类型和使用方法。

　　除了最常用的"钢笔"工具 ⌀.，经常使用的还有"添加锚点"工具 ⌀.、"删除锚点"工具 ⌀.、"转换点"工具 ⌈.。使用"转换点"工具 ⌈.可以在角点和平滑点之间进行转换。路径由锚点和线（曲线或直线段）组成。通过修改这些锚点或线的属性，能够改变路径的外观。

　　在构成曲线路径时，除了起始锚点，其余的锚点都附带着一条或两条控制线。这些控制线与曲线在锚点处相切，它们的长度以及与曲线形成的角度共同决定了曲线的具体形态。控制线的末端被称为控制点，通过调整这些控制点的位置，可以有效地调整整条曲线的形状。

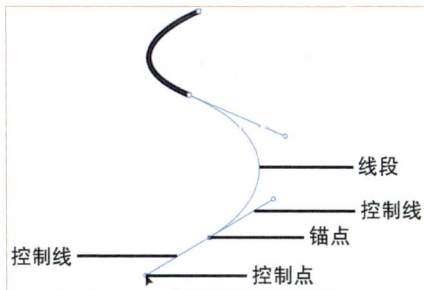

将鼠标指针放在已绘制的路径上，可以直接添加锚点。

将鼠标指针放在已有的锚点上，可以直接删除锚点。

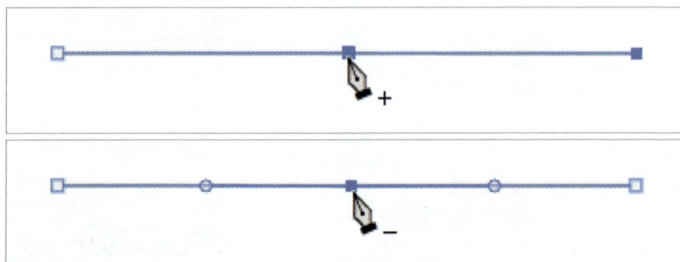

按住 Shift 键创建锚点时，系统将强制以 45°或 45°的整数倍的角度绘制路径。当把鼠标指针移到锚点上时，按住 Alt 键，会暂时将"钢笔"工具 ⌀ 转换为"转换点"工具 ⌐；按住 Ctrl 键，会暂时将"钢笔"工具 ⌀ 转换为"直接选择"工具 ⌐。

接下来，我们来练习用钢笔工具抠图。

1 在 Photoshop 中打开需要处理的图片。

2 选择"钢笔"工具 ⌀。

3 在选项栏中将"钢笔"工具的模式改为"路径"。

4 沿着物体的外轮廓添加锚点，绘制路径。

如果边缘生硬，拐角和拐角之间是直线，可以直接单击添加锚点。

如果边缘平滑，接近一条曲线，可以单击新建锚点后不松开，沿着前进的方向拖曳鼠标，让路径贴合图像的外边缘。

从曲线路径转到直线路径时，可以按住 Alt 键，并单击锚点去掉控制线，再单击新建锚点时，两个锚点之间就是直线路径。

按住 Ctrl 键可以调整控制线的长短和方向，进而控制下一条路径的走向。

5 路径闭合后，按 Ctrl+Enter 快捷键，载入选区。

6 按 Ctrl+J 快捷键，复制图像。在"图层"面板中生成新的图层"图层 1"。

7 单击"背景"图层前的眼睛图标，隐藏"背景"图层。

8 将图像导出为 PNG 格式，素材就抠好了。

05 文字抠图：如何将纸面上的手写字抠出？

很多时候我们需要将纸上书写的文字提取出来，而且要保证提取出来的文字清晰可辨，这样才能在各种需要电子版文字的地方顺利使用。那么，究竟该怎么做呢？

效果图　　　　　　　　　　设计效果图

1 在 Photoshop 中打开需要处理的图片。

2 按 Ctrl+J 快捷键，复制图像。在"图层"面板中生成新的图层"图层 1"。

3 单击"背景"图层前的眼睛图标，隐藏"背景"图层。

4 单击"图层"面板下方的"添加图层样式"按钮 *fx*，在弹出的菜单中选择"混合选项"选项。

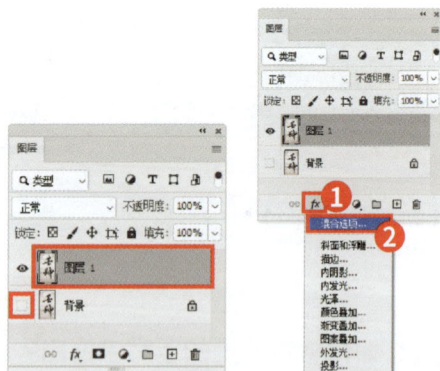

5 在弹出的"图层样式"对话框中，将"混合颜色带"设置为"灰色"。

6 按住鼠标左键，向左拖动"当前图层"中最右侧的白色滑块，至图片中的背景完全消失。

7 单击"确定"按钮，完成文字的抠图。

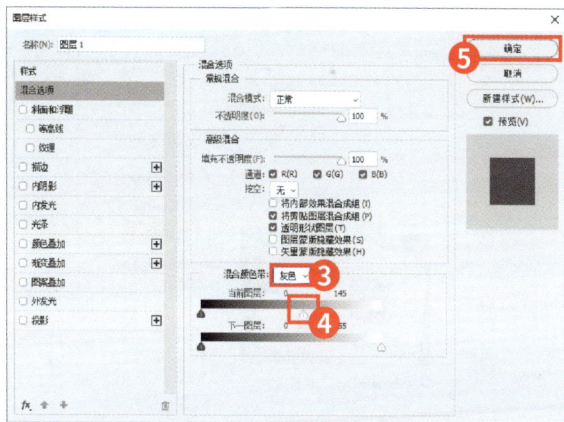

8 将图片导出为 PNG 格式，手写字就抠出来了。

06 印章抠图：如何轻松抠出文件上的印章？

有时，我们需要从背景中抠出印章。这看似复杂，但是只要使用了正确的工具和方法，就能轻松实现。

效果图

设计效果图

1️⃣ 在 Photoshop 中打开需要处理的图片。

2️⃣ 选择"选择 > 色彩范围"命令，弹出"色彩范围"对话框。将"颜色容差"设置为"32"，单击"吸管工具"按钮 ✎。

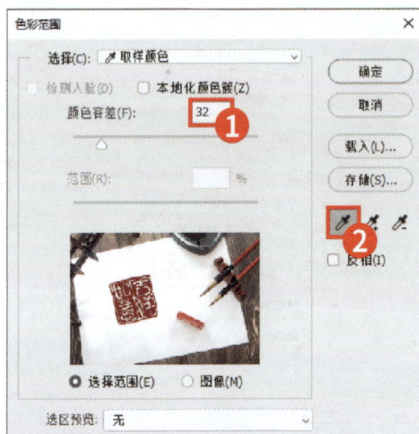

3️⃣ 在图片印章区域单击，"色彩范围"对话框上的预览区显示印章部分大多为白色，纸张大部分为黑色。

4️⃣ 单击"添加到取样"按钮 ✎，在原图上针对印章区域进行单击，重复此操作，直到对话框中的预览区仅保留印章，其余部分均变为黑色。

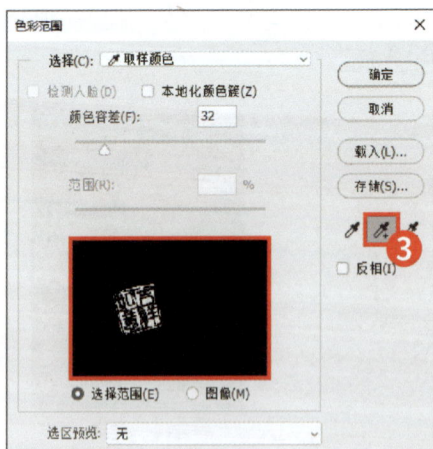

在背景的不同位置单击取样

5 单击"确定"按钮，印章区域生成选区。

6 按 Ctrl+J 快捷键，复制选区内的图像。在"图层"面板中生成新的图层"图层 1"。

7 单击"背景"图层前的眼睛图标，隐藏图层。

8 将图像导出为 PNG 格式，印章就抠好了。

07 透明物体抠图：图片中的玻璃杯如何抠出来？

　　处理冰块、玻璃杯、婚纱这类具有半透明特质的物体时，重点在于保留其透明度，这样才能保证它们与新背景自然融合，不会显得突兀，呈现出和谐统一的视觉效果。

效果图   设计效果图

1 在 Photoshop 中打开需要处理的图片。

2 选择"窗口 > 通道"命令，切换到"通道"面板。

3 依次单击"红""绿""蓝"这 3 个通道，选择黑白对比最明显的通道。在本案例中，"蓝"通道的黑白对比最明显。

红通道   绿通道   蓝通道

4 单击选择"蓝"通道并将其拖曳到"创建新通道"按钮 回 上进行复制，在"通道"面板中生成新的通道"蓝 拷贝"。

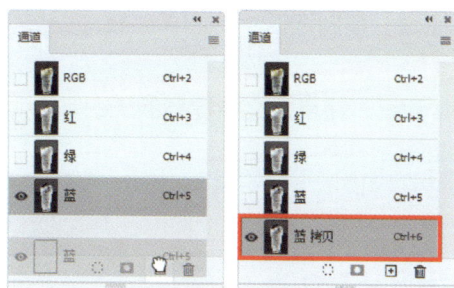

5 按 Ctrl+L 快捷键，弹出"色阶"对话框。

6 向右拖曳"输入色阶"中最左侧的滑块，让画面的黑白对比更突出，冰块上的黑色区域代表透明区域。

7 按住 Ctrl 键的同时，单击"蓝 拷贝"通道，画面中的白色区域被载入选区。

8 单击"RGB"通道，显示彩色图像。

9️⃣ 按 Ctrl+J 快捷键，复制选区中的图像。在"图层"面板中，生成新的图层"图层 1"。

🔟 选中"背景"图层，使用上文中提到的"钢笔"工具 ✐，将杯子中的物体抠出。

1️⃣1️⃣ 单击"背景"图层前的眼睛图标，隐藏"背景"图层。

1️⃣2️⃣ 可使用"橡皮擦"工具 ✐，涂抹柠檬底部，弱化边缘；涂抹"图层 1"图层的背景，擦除多余的部分。

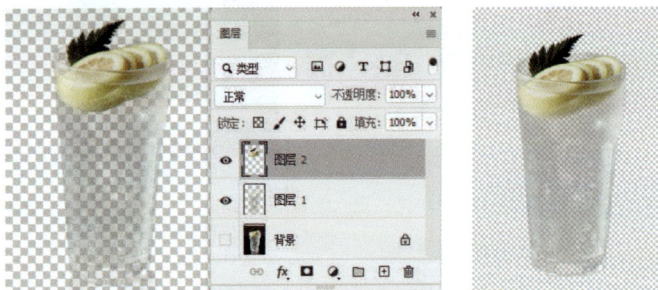

1️⃣3️⃣ 将图像导出为 PNG 格式，玻璃杯就抠好了。

08 人物抠图：如何轻松抠出头发细节？

　　人物抠图向来是个技术活，特别是精准抠出头发细节，更是极具挑战。想象一下，当你打算用一张人物图片来制作海报时，只有把人物完美抠出，才能在创意设计上获得更大的发挥空间，从而让海报呈现出别具一格的视觉效果。但具体该如何操作呢？

效果图　　　　　　　设计效果图

1 在 Photoshop 中打开需要处理的图片。

2 选择"选择 > 选择并遮住"命令，系统会切换到"选择并遮住"操作界面。

3 为了能够清晰地显示图像边缘，便于观察，在视图模式中将"视图"模式设置为"叠加"模式。

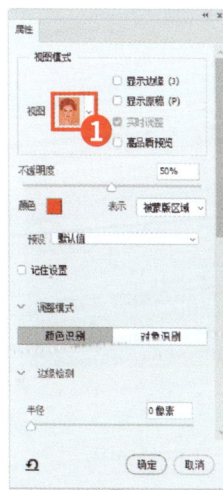

4 选择工具栏中的"快速选择"工具 ✐，在人物主体处拖曳，大致选中主体。可选中属性栏中的"从选区减去"按钮 ⊖，在背景处拖曳，调整选区范围。

5 选择工具栏中的"调整边缘画笔"工具 ✐，在碎发处拖曳，发丝的细节就会被还原出来，同时多余的背景会被去掉。

修改前　　　　　　　　　　修改后

6 在上图中可以看到，在主体与背景颜色接近的地方计算机无法识别。选择工具栏中的"画笔"工具 ✐。单击属性栏中的"画笔"选项，在弹出的面板中将"硬度"选项设置为"100%"。

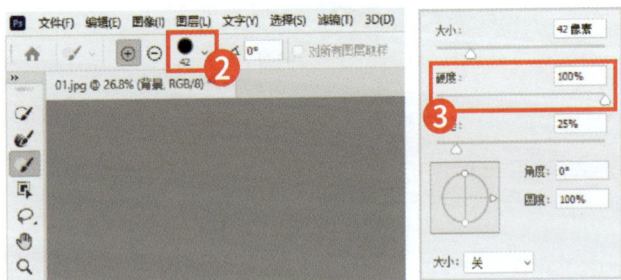

7 在计算机无法识别的主体处拖曳，微调显示区域。选择属性栏中的"从选区减去"按钮 ⊖，在背景处拖曳，进一步明确发丝边界。按键盘上的中括号键"【""】"可调节画笔大小。

8 在输出设置中，选择输出到"图层蒙版"，单击"确定"按钮，自动退出选择并遮住操作界面，回到普通视图，得到抠好的带图层蒙版的图层。

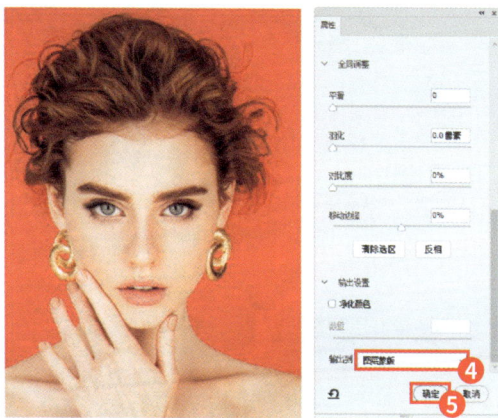

9 将图像导出为 PNG 格式，人物就抠好了。

秒懂图像处理：
PS+AI 实例精讲

▶ 第 **4** 章 ◀
高效操作：提升工作效率的实战指南

在如今数字化的工作环境中，Photoshop 已经成为众多行业都会运用的重要工具。熟练掌握其高效的操作技巧，无疑是提升工作效率的关键。

01 必学快捷键：Photoshop 常用的快捷键有哪些？

以下是 Photoshop 中一些必学的常用快捷键。

工具类常用快捷键

工具类	快捷键
✛ 移动工具	V
▢ 选框工具	M
◯ 套索工具	L
✦ 魔棒工具 / 快速选择工具	W
◰ 裁剪工具	C
⟋ 吸管工具	I
⬒ 仿制图章工具	S
◣ 橡皮擦工具	E
▪ 油漆桶 / 渐变工具	G
✐ 钢笔工具	P
T 文本工具	T
▸ 直接选择 / 路径选择工具	A
◯ 形状工具	U
✋ 抓手工具	H

文件操作常用快捷键

文件操作	快捷键
新建文件	Ctrl+N
打开文件	Ctrl+O
保存当前文件	Ctrl+S
另存为	Ctrl+Shift+S
退出 Photoshop	Ctrl+Q
关闭当前文件	Ctrl+W

视图操作常用快捷键

视图操作	快捷键
从视图中心放大	**Ctrl+ "+"**
从视图中心缩小	**Ctrl+ "-"**
指定视图位置放大	空格 +**Ctrl**+ 鼠标左键
指定视图位置缩小	空格 +**Alt**+ 鼠标左键
显示 / 隐藏标尺	**Ctrl+R**
显示 / 隐藏参考线	**Ctrl+ ；**
显示 / 隐藏网格	**Ctrl+"**
显示 / 隐藏所有命令面板	**Tab**
全屏模式切换	**F**
放大 / 缩小画布	**Alt**+ 鼠标滚轮
移动画布	空格 + 鼠标左键
锁定参考线	**Ctrl+Alt+；**

编辑操作常用快捷键

编辑操作	快捷键
还原 / 重做前一步操作	**Ctrl+Z**
还原并与当前状态切换	**Ctrl+Alt+Z**
自由变换	**Ctrl+T**
填充背景色	**Ctrl+Delete**
填充前景色	**Alt+Delete**
填充	**Shift+F5**
打开"首选项"对话框	**Ctrl+K**

图像操作常用快捷键

图像操作	快捷键
调整色阶	**Ctrl+L**
自动调整色阶	**Ctrl+Shift+L**
打开"曲线调整"对话框	**Ctrl+M**
去色	**Ctrl+Shift+U**
反相	**Ctrl+I**
打开"色彩平衡"对话框	**Ctrl+B**
打开"色相 / 饱和度"对话框	**Ctrl+U**
打开"液化"对话框	**Ctrl+Shift+X**

选择功能常用快捷键

选择功能	快捷键
全选	Ctrl+A
取消选择	Ctrl+D
反选	Ctrl+Shift+I
羽化	Shift+F6
路径变选区	Ctrl+Enter
增加选区	按住 Shift+ 划选区
减少选区	按住 Alt+ 划选区
相交选区	Shift+Alt+ 划选区

图层操作常用快捷键

图层操作	快捷键
复制图层	Ctrl+J
盖印图层	Ctrl+Alt+Shift+E
向下合并图层	Ctrl+E
合并可见图层	Ctrl+Shift+E
将当前层下移一层	Ctrl+[
将当前层上移一层	Ctrl+]
将当前层移到最下面	Ctrl+Shift+[
将当前层移到最上面	Ctrl+Shift+]
从对话框新建一个图层	Ctrl+Shift+N
图层编组	Ctrl+G
创建 / 释放剪贴蒙版	Alt+Ctrl+G

02 定位图层：图层太多，如何快速定位到需要的图层？

定位图层，是处理那些包含大量图层的复杂项目时不可或缺的一项技能。如要迅速选中下图中的汤碗，掌握快速定位图层的方法就显得尤为重要了。

效果图

1 在 Photoshop 中打开"定位图层 – 素材 .psd"文件。

2 选择工具栏中的"移动"工具 ⊕.。

3 勾选属性栏中的"自动选择"选项。

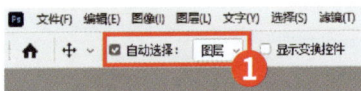

4 在图像窗口中，单击该图层所在区域，该图层即被选中。

03 图层分组：图层太乱，如何将图层分组管理？

大型的设计作品中，将杂乱无章的图层进行有序归纳，不仅能简化图层的管理流程，还能使工作区域变得更加整洁且条理分明。

效果图

1 在 Photoshop 中打开"图层分组 – 素材 .psd"文件。

2 选中"矩形 1 拷贝"图层（起点图层），按住 Shift 键的同时，单击"椭圆 1 拷贝 3"图层（终点图层），将需要的图层同时选取。

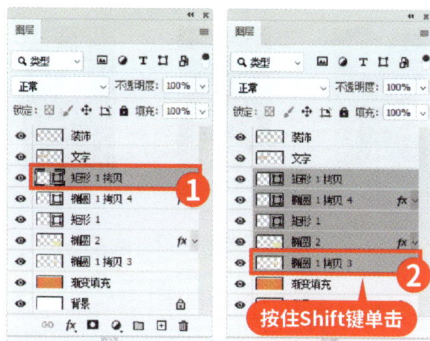

按住Shift键单击

3 按 Ctrl+G 快捷键，群组图层，在"图层"面板中生成"组 1"图层组。

4 双击"组 1"图层组的名称，将其命名为"汤圆"。请记住，养成分图层组和及时重命名的好习惯非常重要。

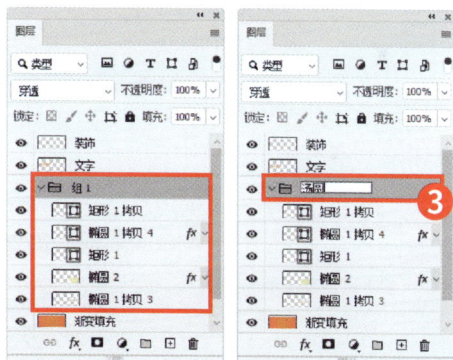

04 批量加水印：如何批量给多张图片添加水印?

大量图片上传网站后，为了防止他人盗用，利用 Photoshop 中的

"动作"面板为这些图片批量添加水印无疑是一个既高效又实用的操作。

原图

效果图

1️⃣ 打开一张需要添加水印的图片。

2️⃣ 选择"窗口 > 动作"命令。

3️⃣ 在弹出的"动作"面板中，单击"创建新动作"按钮 ⊞ 。

4️⃣ 在弹出的"新建动作"对话框中，将"名称"设置为"加水印"，单击"记录"按钮，开始记录操作。

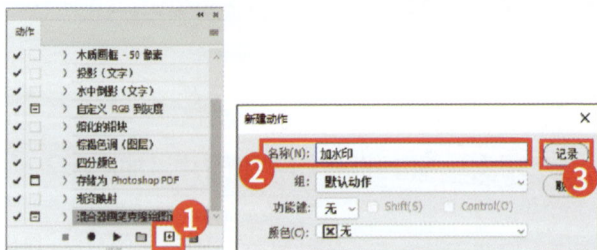

5 选择"文件 > 置入嵌入对象"命令。

6 在弹出的对话框中选择名为"水印"的图片，单击"置入"按钮。

7 将其拖曳到适当的位置并调整大小，按 Enter 键确定操作。

8 第一个动作被记录为"置入"，后续的动作同样会被记录下来。

9 选择"文件 > 存储为"命令。

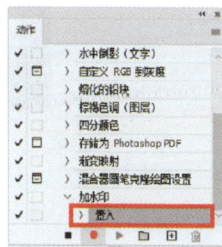

10 设置好存储路径后，将"保存类型"设置为 JPEG，单击"保存"按钮。

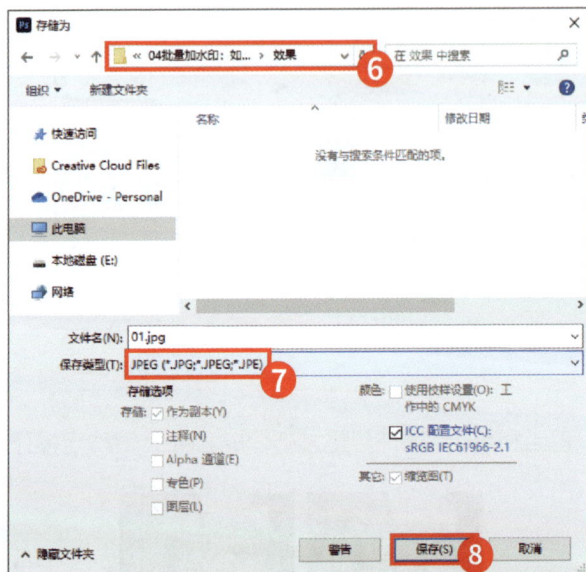

11 在弹出的"JPEG 选项"对话框中，单击"确定"按钮，存储图片。随后，关闭当前文件。

12 在弹出的提示框中，单击"否"按钮，不保存对文档的修改。

13 在"动作"面板中，单击"停止记录"按钮 ■ ，停止对动作的记录。

14 选择"文件 > 自动 > 批处理"命令。

15 在弹出的"批处理"对话框中，将"动作"选项设置为"加水印"，"源"文件夹设置为"素材"文件夹，"目标"文件夹设置为"效果"文件夹，勾选"覆盖动作中的'存储为'命令"选项，单击"确定"按钮。Photoshop 开始自动添加水印并关闭文件。

16 在"效果"文件夹中，所有的图片都被添加上了水印。

05 批量改尺寸：如何批量修改多张图片的尺寸？

　　上传图片时，需遵循网站所规定的尺寸要求。面对这些硬性标准，只需使用"图像处理器"命令，即可批量调整图片尺寸。

1 打开 Photoshop（停留在新建页面即可）。

2 选择"文件 > 脚本 > 图像处理器"命令。

③ 单击"选择文件夹"按钮 选择文件夹(F)... 。在弹出的"选取源文件夹"
对话框中，选择需要修改尺寸的图片所在的文件夹。勾选"调整大小
以适合"选项，"W"和"H"的数值都设置为"800"像素，单击"运
行"按钮。

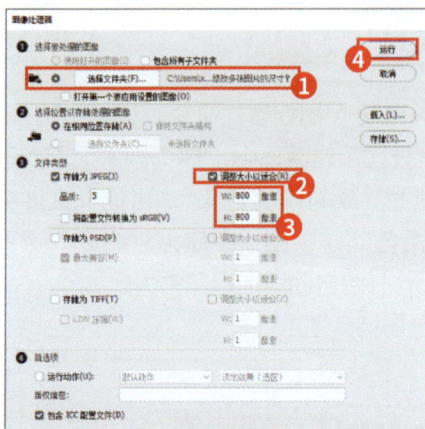

④ 打开需要修改尺寸的图片所在的文件夹，其中新增了一个"JPEG"
文件夹，里面所有图片的宽度都已被改为 800 像素。

06 批量导入：如何一次性导入多张照片到同一文件中？

在某个场景拍摄了多张不同曝光度的照片之后，可以运用"将文

件载入堆栈"命令，一次性地将这些照片导入到同一个文件中，以便后续调整图像效果。

1 选择"文件 > 脚本 > 将文件载入堆栈"命令。

2 在弹出的"载入图层"对话框中，将"使用"选项设置为"文件夹"，单击"浏览"按钮 ┌─ 浏览(B)... ─┐，选择要打开的图片所在的文件夹。在"载入图层"对话框中会显示将要打开的图片名称，勾选"尝试自动对齐源图像"和"载入图层后创建智能对象"选项，单击"确定"按钮。

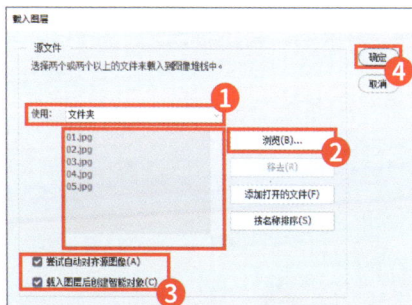

3 在"图层"面板中生成了一个由多张照片组成的智能对象。双击智能对象缩略图，即可进入智能对象窗口。

4 调整各个图层的不透明度后，我们可以看到所有图层已自动对齐，这方便后续我们对图像的调整和优化。

07 批量制作：如何轻松换名字，批量制作荣誉证书？

碰上不同人员对应不同荣誉证书的复杂情形，若是一张一张手动制作，不仅耗时费力，还容易增加出错的风险。下面介绍一种高效的批量制作方法。

1 在 Photoshop 中打开"证书底版 .psd"文件。

2 选中"姓名"图层。选择"图像 > 变量 > 定义"命令，弹出"变量"对话框。

3 勾选"文本替换"复选框，将名称改为"姓名"，单击"确定"按钮。

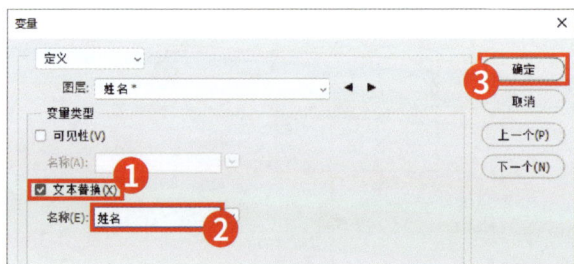

4 选中"奖项名称"图层，重复步骤 2 和步骤 3 的操作，其中，将名称改为"奖项名称"。

5 在 Excel 表格中准备好获奖人的姓名和奖项名称。其中，第一行的表头一定要与上述步骤中定义的变量名称完全一致。

	A	B	C
1	姓名	奖项名称	
2	王二	精英学员	
3	张三	精英学员	
4	李四	优秀学员	
5	赵五	优秀学员	
6	陈六	优秀学员	
7			

6 在文件夹中单击鼠标右键，新建一个文本文档，命名为"名单"。

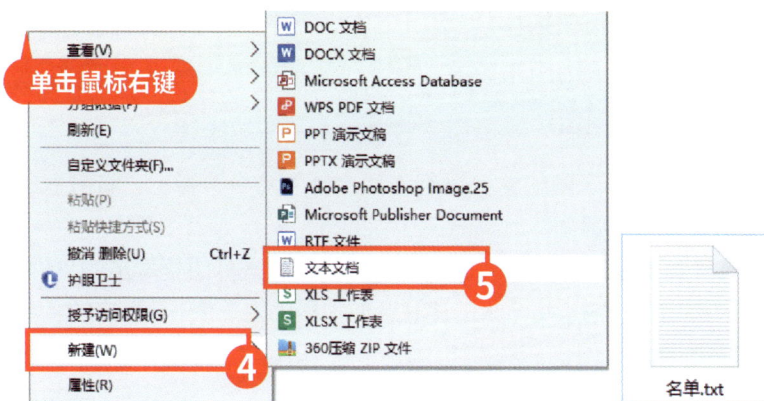

名单.txt

7 按住鼠标左键并拖动鼠标，选中全部表格内容，按 Ctrl+C 快捷键对表格内容进行复制。双击打开文本文档"名单 .txt"，按 Ctrl+V 快捷键进行粘贴，按 Ctrl+S 快捷键保存文件。

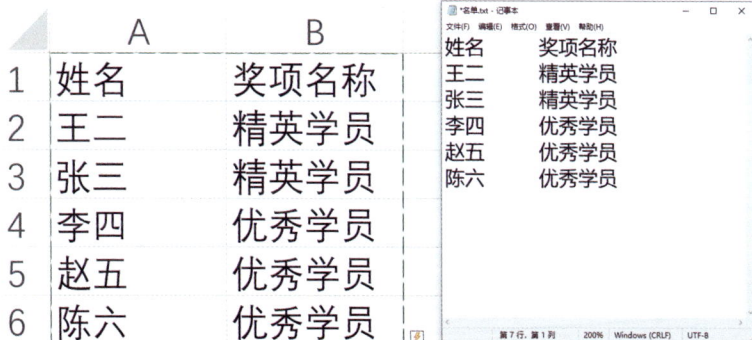

8 回到"证书底版 .psd"文件，选择"文件 > 导入 > 变量数据组"命令，弹出"导入数据组"对话框。

9 单击"选择文件"按钮，选择"名单 .txt"文档，将"编码"选项设置为"Unicode（UTF-8）"，保证中文的正常显示，单击"确定"按钮。

10 选择"文件 > 导出 > 数据组作为文件"命令，弹出"将数据组作为文件导出"对话框。

11 在"将数据组作为文件导出"对话框中，选择想要导出的文件夹，单击"确定"按钮。每个人的奖状会单独导出为一个 PSD 文件。

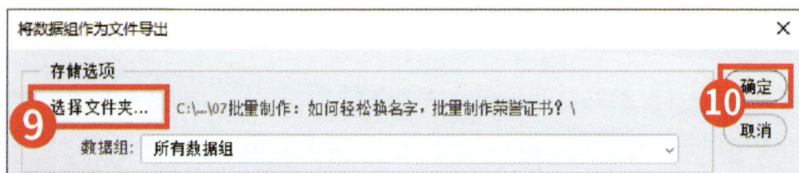

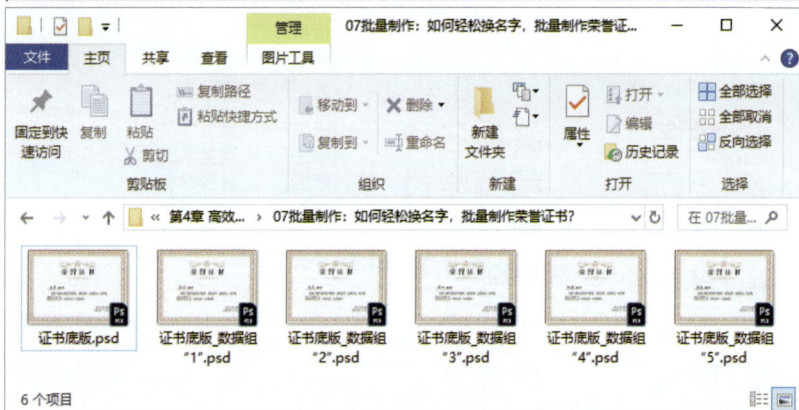

12 选择"文件 > 脚本 > 图像处理器"命令，弹出"图像处理器"对话框。

13 单击"选择文件夹"按钮，选择一个保存证书图片的路径，其他保持默认，单击"运行"按钮。

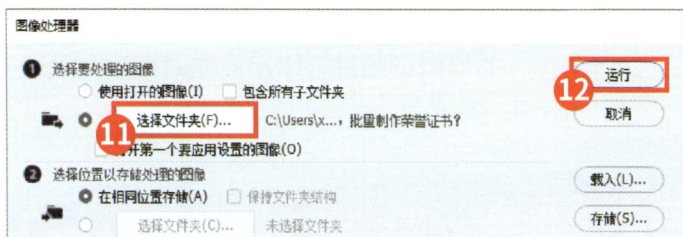

14 打开上一步保存的文件夹，其中新增了一个"JPEG"文件夹，可以看到所有的证书都已输出为图片。

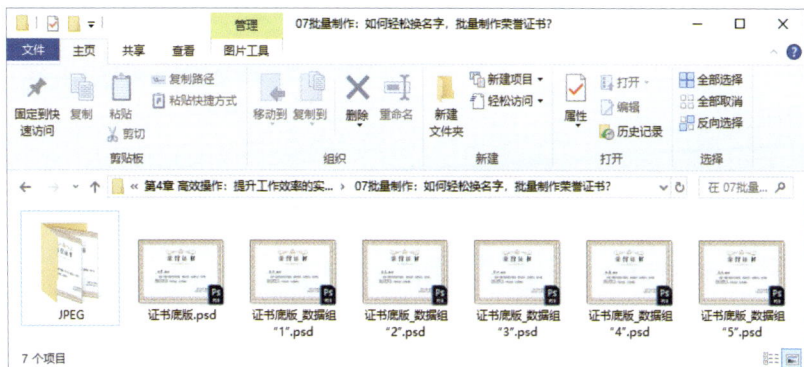

08 规避色差：如何保证图片打印出图的时候没有色差？

在打印店进行打印时，为了最大程度地避免色差问题，可以在制作前调整颜色模式，从而减少这一困扰。

1 打开 Photoshop，按 Ctrl+N 快捷键，弹出"新建文档"对话框。

2 设置好其他数值后，将"颜色模式"设置为"CMYK 颜色"，即印刷专用的颜色模式。

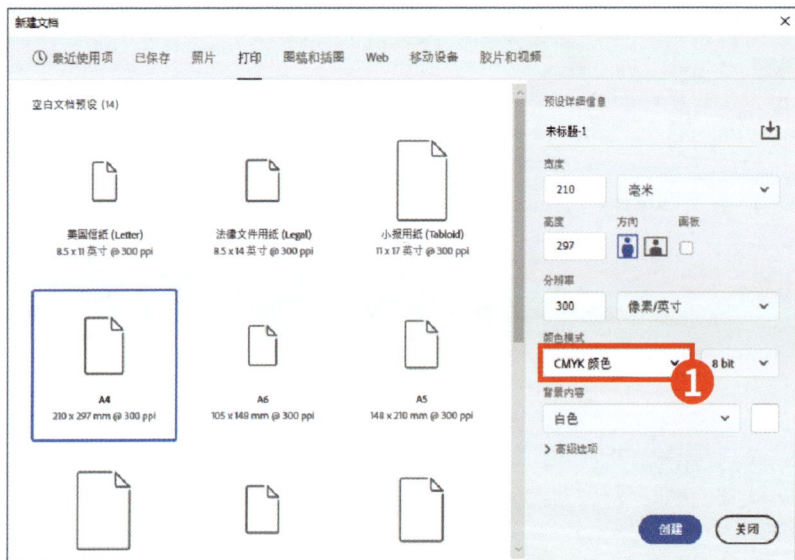

3 后续正常制作并导出图片即可。

09 辅助编辑：如何利用参考线，便捷创建规则布局？

在某些项目中，有时需要精确对齐。为了保持页面的整洁有序，通常需要借助参考线来构建规则的布局。

1 在 Photoshop 中新建一个文件。

2 按 Ctrl+R 快捷键，在图像窗口中显示标尺。

3 在左侧标尺上单击并按住鼠标左键向右拖曳，释放鼠标即可新建一条垂直参考线。

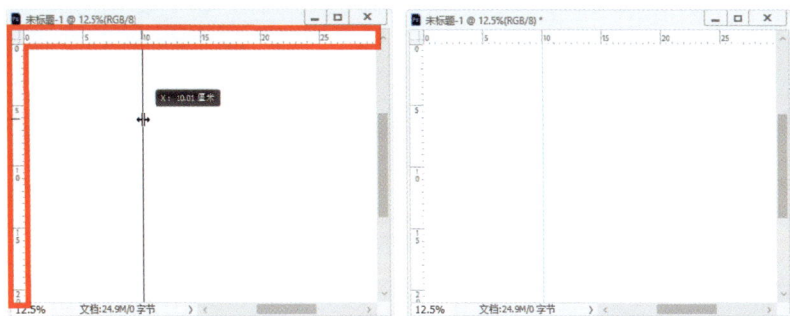

4 在顶部标尺上单击并按住鼠标左键向下拖曳，释放鼠标即可新建一条水平参考线。

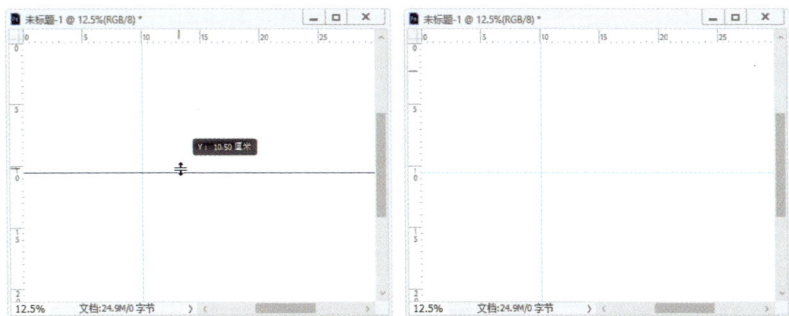

10 整齐排列：如何快速实现元素对齐？

在页面中，将各元素整齐排列，有助于提高版面的可读性和吸引力。同时，对齐方式也能影响版面的整体风格和氛围，从而传达特定的情感和信息。

1 在 Photoshop 中打开"整齐排列 – 素材 .psd"文件。

2 按住 Ctrl 键的同时，单击"多边形 1"图层，同时选取需要的图层。

3 选择工具栏中的"移动"工具 ✛.。单击属性栏中的"对齐并分布"按钮 ⋯ 。

4 在弹出的菜单中，将"对齐"选项设置为"画布"。单击"垂直居中对齐"按钮 ╫，以画布垂直方向上的中间为参考点，将图层垂直居中对齐。

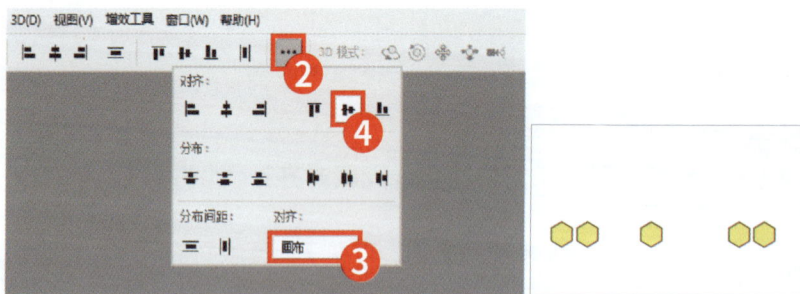

5 保持图层的选取状态。单击属性栏中的"水平分布"按钮 ▥，最左

侧和最右侧的多边形不动，其他多边形位置左右移动，实现水平方向上的均匀分布。

6 使用上述的方法，可以实现元素各个方向上的对齐。

11 动态表情包：如何制作动态 GIF 图？

动态表情包作为一种在聊天、社交媒体或其他在线平台上广泛应用的图像格式，能够显著丰富信息的传达效果，并为交流过程增添不少乐趣。那么，该如何制作生动有趣的表情包呢？

1 打开 Photoshop，选择"文件 > 导入 > 视频帧到图层"命令。

2 选择一段需要转换为动态 GIF 的视频，单击"打开"按钮。

3 勾选"仅限所选范围"复选框，拖动控制视频结尾的滑块到合适位置，选择要保留的部分，单击"确定"按钮。

4 选择"裁剪"工具 🔲，裁剪画布到合适大小，保留主体部分即可，按 Enter 键确定操作。这样也缩小了图片文件，方便在聊天软件中使用。

5 选择"窗口 > 时间轴"命令，调出"时间轴"面板，勾选"创建视频时间轴"选项，能看到每一帧都按顺序排列在时间轴上。

6 选择第 1 帧。

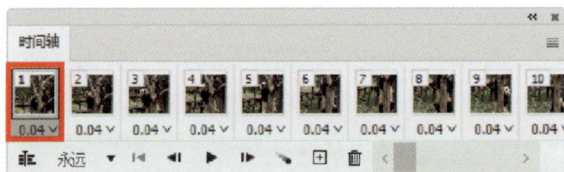

7 选中"图层"面板最顶部的图层。选择"横排文字"工具 T.，在画布上单击鼠标左键，输入文案并调整文字大小及位置。

8 选择"文件 > 导出 > 存储为 Web 所用格式（旧版）"命令。

9 在弹出的"存储为 Web 所用格式"对话框中，将保存格式改为"GIF"，图像宽度设置为"300"像素。然后，单击"存储"按钮。

🔟 在弹出的"将优化结果存储为"对话框中，选择保存路径并重命名文件，单击"保存"按钮。

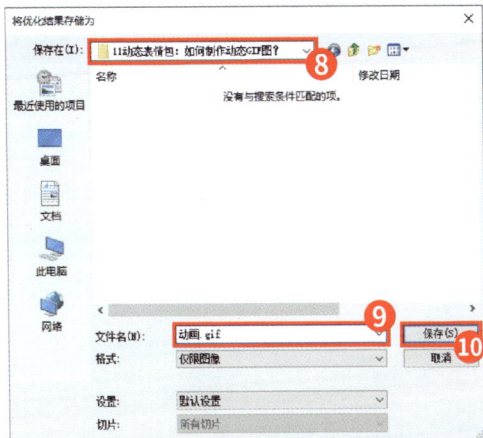

1️⃣1️⃣ 将导出的动态表情包拖曳到聊天窗口中并发送，即可使用。

12 版权意识：如何给文件设置版权保护信息？

在文件制作完成后，为了保护作品版权，可以给 Photoshop 源文件添加版权保护信息。

1 在 Photoshop 中打开"版权意识 – 素材 .psd"文件。

2 按 Ctrl+Shift+Alt+I 快捷键。在弹出的对话框中，选择"基本"选项卡，在其中填写文档标题、作者头衔和版权公告等信息。

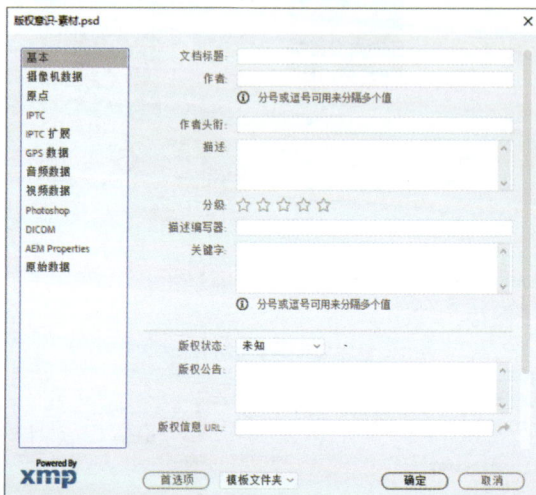

3 在"IPTC"选项卡中可以填写作品的创建者、联系方式等信息。

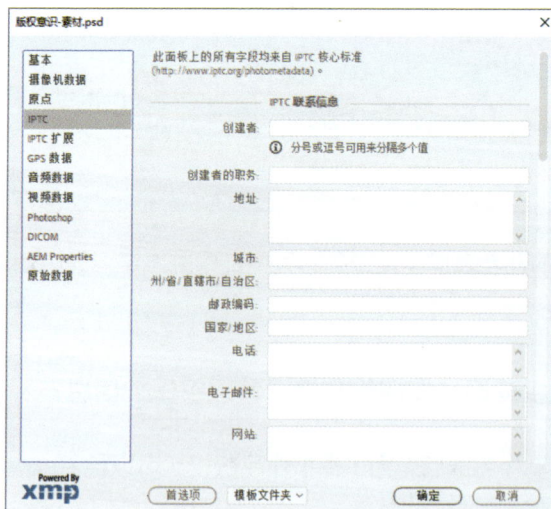

秒懂图像处理：
PS+AI 实例精讲

▶ 第 **5** 章 ◀
故障处理：遇到问题不用慌

在使用 Photoshop 的过程中，我们时常会碰到各种技术障碍，如软件运行变慢，无法顺利保存文件等问题。不过，借助一些基础的故障排查技巧，能够快速解决这些难题。本章列举了一些常见问题的应对策略，以确保后续的图像处理工作顺利进行。

01 软件运行慢：如何通过调整暂存盘提升软件运行速度？

　　在启动 Photoshop 进行图像编辑的过程中，软件会产生大量的临时数据，这些数据就存储在暂存盘中。如果暂存盘的空间不足或者设置不合理，就会导致 Photoshop 的运行效率低。

1 启动 Photoshop，按 Ctrl+K 组合键。

2 在弹出的"首选项"对话框中，选择"性能"选项，切换到相应的界面，拖曳内存滑块，将 Photoshop 使用的内存量设置为 80% 左右。建议 Photoshop 使用的系统内存量不超过 85%，否则将影响其他应用程序的正常运行。将"历史记录状态"设置为"20"。

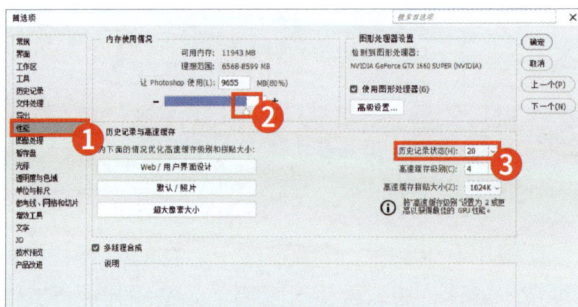

3 切换到"暂存盘"选项卡，将除了 C 盘的所有盘全部勾选，单击"确定"按钮。

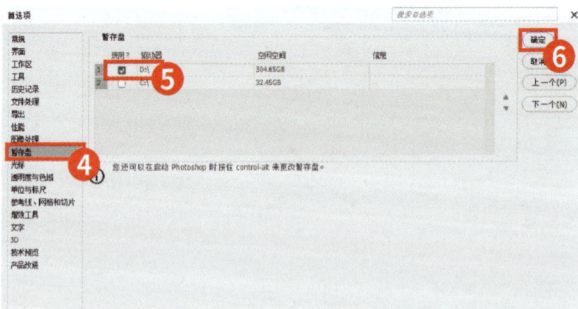

02 模式设置有误：索引模式无法编辑，如何切换到其他模式？

当图像为 GIF 或 PNG-8 等格式时，其在 Photoshop 中打开，便会显示为索引模式。索引模式作为一种特殊的色彩模式，会将图像的颜色限制在特定的颜色表内，这一特性也使得许多编辑功能无法使用。不过，切换到其他可编辑模式并不复杂。

1 在 Photoshop 中打开索引模式的文件。
2 选择"图像 > 模式 >RGB 颜色"命令，文档即可被正常编辑。

03 快捷键没反应：操作过程中快捷键不起作用，如何解决？

若快捷键无响应，应首先检查软件设置。

使用 Photoshop 修图时照片没有反应
1 检查照片是否存在选区。选区在图像窗口中会以蚂蚁线的形式圈选表示，修图也只作用于选区内的图像。

2 按 Ctrl+D 快捷键，取消当前选区。即可在选区之外修改图片。

处理前　　　　　　　　　　　　处理后

3 检查照片是否进入快速蒙版状态。在快速蒙版状态下，在"图层"面板中，该图层会显示为半透明的红色。此时在该图层中修图，图像不会发生任何变化。按 Q 键退出快速蒙版状态，即可正常修图。

在 Photoshop 操作过程中，快捷键不起作用

这是由于输入法快捷键和 Photoshop 软件快捷键发生了冲突，可以选择关闭中文输入法或者改变软件快捷键来解决。此外，按 Shift 键可以快速切换输入法，实现流畅的操作体验。

▶▶ 第 6 章 ◀◀

AI 编辑：Neural Filters 滤镜的应用

Neural Filters 滤镜作为一种融合了 Photoshop 与 AI 技术的创新工具，具有智能修图功能。它通过生成新的像素来改进、处理和修改图像，可大致分为人像修饰、风格转换、背景替换、风景优化这 4 类。该滤镜旨在简化工作流程，轻松实现复杂的图像编辑效果。

01 人像磨皮：如何一键轻松去除皮肤上的瑕疵？

Neural Filters 滤镜中的磨皮功能专门用于人像磨皮处理。该功能通过分析皮肤纹理，智能地去除皮肤上的瑕疵，同时保留皮肤的质感和细节。这使得磨皮后的照片看起来更加自然、精致。

处理前　　　　　　　　　　　处理后

1 在 Photoshop 中打开需要进行磨皮处理的人像照片。

2 选择"滤镜 > Neural Filters"命令。

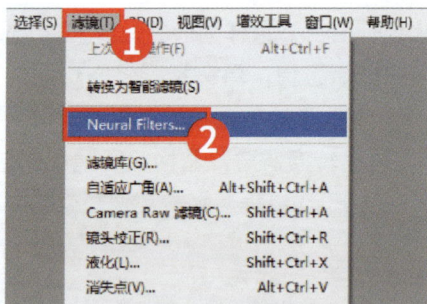

3 启动"皮肤平滑度"选项，拖曳"模糊"选项滑块，将数值调整为70；拖曳"平滑度"选项滑块，将数值调整为32。可单击左下角的"切换原图"按钮，随时切换视角，便于调整。将"输出"选项设置为"新图层"，单击"确定"按钮。

④ 如果无法下载滤镜，可右键 Photoshop 图标，在弹出的菜单中选择"以管理员身份运行"命令，打开软件。再次执行"Neural Filters 滤镜"命令，即可下载滤镜。

02 改善表情：拍照表情太僵硬，后期如何来挽救？

　　Neural Filters 滤镜中的智能肖像功能能够自动识别并调整图像中的面部特征。

处理前   处理后

1 在 Photoshop 中打开需要进行处理的人像照片。

2 选择工具栏中的"对象选择"工具 。

3 在人物主体处单击，人像周围生成选区。按 Ctrl+J 快捷键，复制选区中的人像，在"图层"面板中生成新的图层"图层 1"。

4 选择"滤镜 >Neural Filters"命令。

5 启动"智能肖像"选项，在"特色"下拉菜单中拖曳"幸福"滑块，将数值调整为 30；在"设置"下拉菜单中拖曳"保留独特细节"和"蒙版羽状物"滑块，将数值均调整为"100"。可单击左下角的"切换原图"按钮 ，随时切换视角，便于调整。将"输出"选项设置为"新图层"，单击"确定"按钮。

6 单击"图层"面板下方的"添加图层蒙版"按钮 ▣，为图层添加蒙版。

7 选择工具栏中的"画笔"工具 ✎。在属性栏中单击"画笔预设"选项，在弹出的"画笔预设"面板中选择需要的画笔形状和大小。

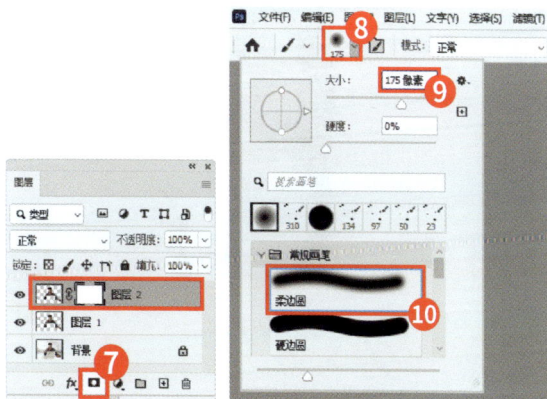

8 将输入法切换至英文后，按 D 键，恢复默认前景色和背景色；按 X 键，切换前景色和背景色。

9 在画布上单击鼠标左键并拖曳鼠标，隐藏不需要的图像。

03 人像美妆：别人的妆效更好看，如何一键复制并应用？

Neural Filters 滤镜中的妆容迁移功能可以将一张图片中眼部和嘴部的妆容风格应用到另一张图片上，实现妆容效果的跨图应用与创意融合。

修改前

修改后

1 在 Photoshop 中打开两张人像照片。

2 选择"需替换妆容的人像照片"图像窗口。

3 选择"滤镜 >Neural Filters"命令。

4 启动"妆容迁移"选项，单击"选择其他图像"选项，在弹出的下拉列表中选择"其他妆容照片 .jpg"。可以单击左下角的"切换原图"按钮 ■，随时切换视角，便于调整。将"输出"选项设置为"新图层"，单击"确定"按钮。

5 虽然妆容迁移功能能够方便地实现妆容的复制和应用，但为了达到最佳效果，仍需要对迁移后的妆容进行手动调整和优化。

6 选择工具栏中的"修补"工具 ▦。

7 圈选图像中需要修补的区域。

8 在选区中按住鼠标左键不放，将选区中的图像拖曳到需要的位置。释放鼠标左键，选区中的图像被新位置的图像所修补。按 Ctrl+D 快捷键，取消选区。

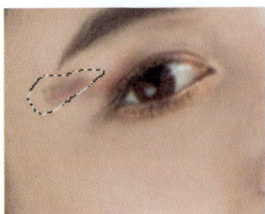 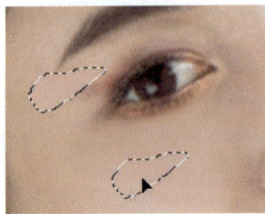

处理前　　　　　　　　　处理后

9 重复步骤 **7**、**8** 的方法，直至妆容服帖。

04 季节变换：风景大变样，秋天一键变春天？

　　Neural Filters 滤镜中的风景混合器可以分析出照片中的地形、生态、气候、建筑等景观元素，通过调整季节、光照等属性，改变图像中的自然景象。也可利用算法与另一个图像中的风景智能融合，从而生成新的风景效果。

处理前　　　　　　　　　处理后

1 在 Photoshop 中打开需要调整的风景照片。

2 选择"滤镜 >Neural Filters"命令。

3 启动"风景混合器"选项，在"预设"中选择想要融合的风景照片，勾选"保存主体"和"协调主体"选项。可以单击左下角的"切换原图"按钮 ，随时切换视角，便于调整。将"输出"选项设置为"新图层"，单击"确定"按钮。

4 选择工具栏中的"污点修复画笔"工具 🖌️。在图像窗口要修复的位置单击并拖曳鼠标，松开鼠标后，图像就会被修复。

处理前　　　　　　　　　　处理后

05 手绘照片：如何将照片轻松转变为手绘风格？

Neural Filters 滤镜中的样式转换功能通过分析参考图像，提取其纹理、颜色和风格特征，然后将这些特征应用到目标图像上，生成具有独特艺术风格的图像效果。

处理前　　　　　　　　　　处理后

1 在 Photoshop 中打开需要调整的照片。

2 选择"滤镜 >Neural Filters"命令。

3 启动"样式转换"选项，在"预设"中选择想要融合的风景照片。可以单击左下角的"切换原图"按钮 ⬚，随时切换视角，便于调整。将"输出"选项设置为"新图层"，单击"确定"按钮。

06 巧妙融合：如何快速将主体物与背景融合？

Neural Filters 滤镜有协调功能，其核心在于能够分析两个图层间的颜色与亮度差异，并将图片的颜色调整至与其他图层更为接近的状态。若认为初始效果未能达到预期，还可在此基础上继续调整参数，更改图层的色相与亮度，使其与其他图层更为融合，整体效果更加平衡与真实。

处理前　　　　　　　　　　　处理后

1 在 Photoshop 中打开需替换天空的风景照片。

2 选择工具栏中的"对象选择"工具 ▣。

3 在天空处单击，图像周围生成选区。按 Shift+Ctrl+I 快捷键，反选选区。

处理前　　　　　　　　　　　处理后

4 按 Ctrl+J 快捷键，复制选区中的图像，在"图层"面板中生成新的图层"图层 1"。

5 选择"文件 > 置入嵌入对象"命令，在弹出的对话框中选择"其他

天空照片"，单击"置入"按钮，拖曳其到适当的位置并调整大小，按
Enter 键确定操作。在"图层"面板中生成新的图层"其他天空照片"，
并将"图层 1"图层拖曳到该图层的上方。

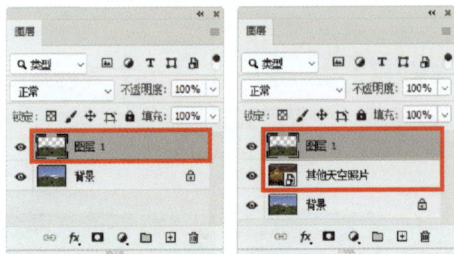

6 选择"滤镜 >Neural Filters"命令。

7 启动"协调"选项，单击"选择图层"选项，在弹出的下拉列表中
选择"其他天空照片"，Photoshop 自动调节颜色。继续拖动滑块，
直至调整出满意的效果。可单击左下角的"切换原图"按钮，随时
切换视角，便于调整。将"输出"选项设置为"当前图层"，单击"确
定"按钮。

8 此时图像中会生成选区。按 Ctrl+D 快捷键，即可取消选区。

07 替换色调：如何一键复制，轻松替换其他图像的色调？

Neural Filters 滤镜中的色彩转移功能可以分析参考图像和目标图像的色彩特征，包括色调、饱和度和亮度等，然后将参考图像的色彩特征应用到目标图像上，实现整体色彩效果的转移和改变。

处理前

处理后

1 在 Photoshop 中打开两张建筑照片。

2 选择"需替换色调的建筑照片"图像窗口。

3 选择"滤镜 >Neural Filters"命令。

4 启动"色彩转移"选项，单击"自定义"选项，切换到相应的选项

中，单击"选择图像"选项，在弹出的下拉列表中选择"其他色调照
片 .jpg"，Photoshop 自动替换色调。可单击左下角的"切换原图"
按钮 ◧，随时切换视角，便于调整。将"输出"选项设置为"智能滤
镜"，单击"确定"按钮。

5 选择"图像 > 调整 > 亮度 / 对比度"命令，在弹出的"亮度 / 对比度"
对话框中，将"亮度"选项设置为"34"，"对比度"选项设置为"60"，
单击"确定"按钮。

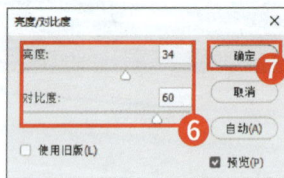

6 选择"图像 > 调整 > 色阶"命令，在弹出的"色阶"对话框中，将
"输入色阶"左侧选项设置为"10"，右侧选项设置为"231"，单击"确
定"按钮。

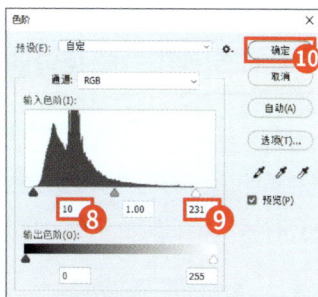

7 选择"图像 > 调整 > 色相 / 饱和度"命令，在弹出的"色相 / 饱和度"对话框中，将"色相"选项设置为"5"，"饱和度"选项设置为"−28"，单击"确定"按钮。

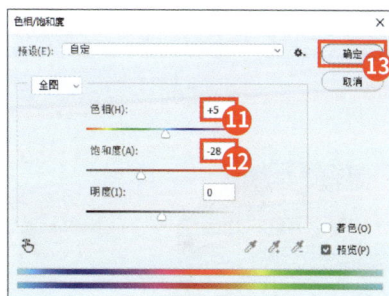

8 "图层"面板中的智能对象图层会保留以上操作参数。双击智能滤镜中的命令，即可在弹出的对话框中修改参数，调整效果。

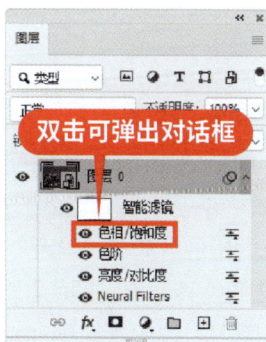

08 黑白变彩色：如何实现黑白照片自动上色？

Neural Filters 滤镜中的着色功能通过分析图像中的物体、背景和其他元素，自动为黑白照片添加适当的色彩。启用滤镜的着色功能后，还可在此基础上移动面板中的滑块来调整颜色平衡，使其更加真实和生动。

处理前

处理后

1 在 Photoshop 中打开一张黑白照片。

2 选择"滤镜 >Neural Filters"命令。

3 启动"着色"选项，Photoshop 自动调整图像颜色。针对不满意的颜色在对话框焦点区域中单击，在弹出的"拾色器（焦点颜色）"对话框中，将"颜色"设置为橙色，单击"确定"按钮。拖曳下方的滑块，调整强度。使用相同方法调整其他位置颜色。

4 单击左下角的"切换原图"按钮 ▣，随时切换视角，便于调整。将

"输出"选项设置为"新图层"，单击"确定"按钮。

09 景深效果：如何一键模拟相机镜头的模糊效果？

　　Neural Filters 滤镜中的深度模糊功能可以利用 AI 技术精准分析图像信息，并据此构建环境深度，以突出前景或背景对象。此外，该功能还可以根据设置的焦距和景深来更改图像的模糊强度，从而使图像呈现出更加专业的摄影效果。

处理前

处理后

1 在 Photoshop 中打开一张黑白照片。

2 选择"滤镜 >Neural Filters"命令。

3 启动"深度模糊"选项，Photoshop 自动调整图像焦距。勾选"焦点主体"选项，将"焦距"选项设置为"30"。可单击左下角的"切换原图"按钮 ◨，随时切换视角，便于调整。将"输出"选项设置为"新图层"，单击"确定"按钮。

10 修复老照片：如何对有划痕的老照片轻松翻新？

Neural Filters 滤镜中的照片恢复功能旨在快速恢复旧照片的质量和细节，包括消除划痕、提高对比度等多项操作。该功能利用深度学习和图像处理技术，对输入的旧照片进行分析，并自动应用修复和增强效果，使照片看起来更加清晰和真实。

处理前　　　　　　　　　　处理后

1 在 Photoshop 中打开一张需要修复的旧照片。

2 选择"滤镜 > Neural Filters"命令。

3 启动"照片恢复"选项，Photoshop 自动修复图像。将"照片增强"设置为"50"，"增强脸部"设置为"60"，"减少划痕"设置为"25"。展开"调整"选项，将"降噪"设置为"14"，"杂色减少"设置为"30"，"半色调伪影消除"设置为"14"，"JPEG 伪影消除"设置为"27"。

4 可单击左下角的"切换原图"按钮 ❐，随时切换视角，便于调整。将"输出"选项设置为"新图层"，单击"确定"按钮。

5 单击"图层"面板下方的"创建新图层"按钮 ▣，在"图层"面板中生成新的图层"图层 1"。

6 按 Ctrl+A 快捷键，全选图像。

7 选择工具栏中的"矩形选框"工具 ▣。单击属性栏中的"从选区减去"按钮 ▣，再次绘制一个矩形选区。

处理前　　　　　　　　　　　处理后

8 将输入法切换至英文后，按 D 键，恢复默认前景色和背景色。按 Ctrl+Delete 快捷键，填充背景色。

9 按 Ctrl+D 快捷键，取消矩形选区。

处理前　　　　　　　　　　　处理后

10 选中"图层 1"图层。按 Ctrl+J 快捷键，复制图层。使用修复类工具，修复图像中的细节，直至满意为止。